Friedrich Schiller
Der Verbrecher aus verlorener Ehre

Beschreibung

des famosen Böswichts Friderich Schwahnen, von Eberspach Göppinger Amts.

Dieser Räuber und Mörder ist 27. Jahr alt, kurzer Statur, und nur 5. Fuß 7. Zoll lang, dabey aber besezt, eines starcken Kopfs, weissen saubern Angesichts, dicker rother Backen, braun-oder vielmehr gelblechter kurzer glatter Haaren, schwarzbrauner Augen, breiter Schultern, und starcker Waaden.

Was seine Kleidung anbetrifft, so hat er sonsten gemeiniglich ein rothes Brusttuch, blauen- auch zu Zeiten grünen Frieß-Rock, schwarze Hosen, und weisse Strümpf getragen, worauf aber nicht zu gehen, indeme er seine Montirung je, nachdeme er einen Raub, und gewaltsamen Einbruch begangen, verändert, manchmal Waden-Stiffel träget, beständig heimlich Gewöhr- auch mehrmalen eine Flinten oder Kugel-Büxen und Hirschfänger bey sich führet, und sich mittelst Führung eines Hunds bald vor einen Mezger- bald Kieffer-Knecht, welcher Handwercker gewohnliche Ohren-Gehäng er zu Zeiten träget, bald vor einen Bierbrauer, bald vor einen andern Professionisten, bald aber vor einen Jäger ausgibet, und zu solchem Ende falsche Pässe und gedruckte Kundschafften mit sich führet, zu Zeiten auch sich in Weibs-Kleider verkleidet, bald allein gehet, bald aber eine Concubine, bald einen Cameraden, zu Zeiten auch mehrere mit sich führet, und zu Diebs-Banden sich gesellet, bey leztern aber länger nicht verbleibet, als bis er einen Raub mit ihnen begangen, zur Winters-Zeit hin und wieder auf einzelen Höfen, oder abgelegenen Orten, auch mehrmalen im Futter in Ställen jedoch ganz kurze Zeit- zur Sommers-Zeit aber meistens seinen Auffenthalt, als ein Erz-Wilderer in denen Waldungen und Höhlenen hat, wohin er sich das Essen und Trincken entweder durch Cameraden, oder seine Concubinen, nebst Pulver und Bley aus denen Kauf-Läden abholen lässet.

Wann er einen gewaltsamen Einbruch und Raub vor hat, gehet er, wo er vorhero nicht schon bekannt, wie es zu Heßenthal, Geißlingen und Gmünd, und anderer Orten ergangen, etliche Tag, oder etliche Wochen vorhero mit seinen Cameraden oder Concubinen in solches Haus, und wann es ein Wirth, zechet er bey ihme, wann es aber ein Kauffmann, so kauffet, oder failset er Waaren, und siehet mittlerweilen die Gelegenheit zu einem Einbruch aus.

Seine

Der Verbrecher aus verlorener Ehre
Eine wahre Geschichte von

Friedrich Schiller

Aufs Neue ans Licht geholt und mit
Erkundungen zum Dichter- und Räuberleben
der republikanischen Freiheit des lesenden
Publikums anheimgestellt von

Horst Brandstätter

demand.

Für ihre freundliche Hilfsbereitschaft und die Bereitstellung von Abbildungen möchte ich mich bedanken bei der Württembergischen Landesbibliothek Stuttgart (Abb. S. 2, 9, 38 unten, 56, 103) – insbesondere Herrn Rudolf Henning von der Graphischen Sammlung –, Hauptstaatsarchiv Stuttgart (Abb. S. 67, 69), Nationalgalerie Berlin (ehem. DDR) (Abb. S. 33).

Ferner Wendelin Niedlich, Stuttgart, für gewährten Unterschlupf.

Erstmals erschienen im Verlag Klaus Wagenbach, Berlin, 1984.

Von Autor korrigierte Ausgabe.

Umschlaggestaltung: demand Grafik
Herstellung: Books on Demand GmbH, Hamburg
Printed in Germany

ISBN 3-935093-40-3

Inhalt

Schiller auf einem Spazierritt, 1787

Am Anfang steht das Taufbuch
Eine Vorbemerkung

Den spannendsten Teil der Zeitung liefern nicht die großen und leisen, sondern die kleinen und lauten Verbrechen. Sie sind das Salz in der alltäglichen Suppe und gelegentlich auch die Würze der Kunst. Der Verbrecher, so hat es Marx formuliert, »produziert nicht nur Kompendien über das Kriminalrecht, nicht nur Strafgesetzbücher, sondern auch Kunst, schöne Literatur, Romane...«.

Der Verbrecher aus verlorener Ehre ist eine klassische Kriminalgeschichte. Sozusagen »Sensation in Marmor«, um eine auf den Dramatiker Schiller zugespitzte Formulierung von Ernst Bloch zu gebrauchen, der auch Schillers »Interesse für alles, was an einem Galgen hart vorbei streifte oder dort hängen blieb« als auffällig konstatierte.

Es sei »eine wahre Geschichte«, versichert uns Schiller im Untertitel. Und es ist eine wahre Geschichte, aber die Literatur verschafft sich ihre eigene Wirklichkeit. Obwohl es den historischen Wilhelm Tell nie gegeben hat, hat seine Gestalt, spätestens seit Schiller, etwas Wirkliches. Der historisch verbürgte Attentäter in eigener Sache, wie man das »Sonnenwirtle« Friedrich Schwahn nennen könnte, verschwimmt dagegen im Nebel der Unwirklichkeit. Dabei sind wir über sein Leben ungewöhnlich gut unterrichtet, verfügen über eine detaillierte Biographie - freilich ausschließlich aus Belastungsmaterial.

Verschnürt zu dicken Bündeln ruht im Stuttgarter Hauptstaatsarchiv ein aufeinandergehäuft einen Meter weit übersteigender Aktenberg, der, in beängstigender Vollständigkeit Kriege und Katastrophen überlebend, seine die Zeiten so kompakt überdauernde Existenz der Literatur zu verdanken hat: ›Was bleibet aber, stiften die Dichter‹. Hätte nicht Schiller - und dann in seiner Folge andere - den Justizfall zu einem Fall der Literatur gemacht, die Justizbürokratie und ihre Erben hätten sich wohl schwerlich der Mühe unterzogen, neben Verhörprotokoll und Urteil auch Liebesbriefe des Delinquenten, ja selbst Liebesbriefe an ihn, in ihren Archivkellern fortzuschleppen. Die aufschlußreichsten Dokumente aus diesem Konvolut finden sich im Briefteil; der Biographie des Friedrich Schwahn ist ein eigenes Kapitel gewidmet: »Ein tabellarisches Räuberleben«.

»Gott sei seiner armen Seele gnädig«. So steht es, neben Exekutionsart und Datum, mit roter Tinte im Taufbuch von Ebersbach a. Fils, wo unter dem 4. Juni 1729 - im selben Jahr wie Lessing - die Geburt des Johann Friedrich Schwahn verzeichnet ist. Was beim Räuber recht war, ist beim Dichter billig: Auch dem Dichter wurde bis ins Taufbuch nachgespürt, wobei einige erstaunliche Querverbindungen zu Tage traten. Im Kapitel »Ein tabellarisches Dichterleben« werden sie vorgestellt, vorzugsweise anhand der Kalamitäten des jungen Schiller; es finden sich aber auch eine ganze Reihe weiterer Berührungspunkte, die uns Grund zur Annahme liefern, daß dieser Friedrich Schwahn für Schiller mehr war, als nur der zufällige Stoff für den »Verbrecher aus verlorener Ehre«. Wie sich die Lebenspfade - schon geographisch - kreuzten, zeigt die beigefügte Karte und wer die Briefe des Sonnenwirtle mit Schillers Brief an den Herzog vergleicht, findet eine bemerkenswerte Argumentationsparallele: der Räuber und der Dichter als verlorene württembergische Söhne.

Am 10. November 1759 wird in Marbach am Neckar Friedrich Schiller geboren, am 30. Juli 1760 in Vaihingen an der Enz der einunddreißigjährige Friedrich Schwahn vom Leben zum Tod befördert. Schwahn hinterläßt Rechnungen (»Den Schwahnen zu rädern und zwar von der Brechen zu schlagen = 1 fl. / Ihme den Kopf mit dem Beil abzuhauen = 30 kr. / Solchen auf den Pfahl zu stecken = 1 fl.«) und eine Spur in der Literatur. Es gilt eine wahre Geschichte zu rekonstruieren und wir finden schon zu Beginn des Dichters Paten als Augenzeugen bei der Hinrichtung des Räubers.

Für die Untersuchung der Verwandtschaftsverhältnisse zwischen Text, Stoff und Autor erweist sich, wie wir meinen, unsere

Geschichte auch in anderer Beziehung als ein Glücksfall: Wir haben, der republikanischen Freiheit des lesenden Publikums zuliebe, alle Materialien so vollständig ausgebreitet, daß es selbst darüber zu Gericht sitzen kann.

Wilhelm von Kaulbach, *Die Rückkehr aus dem Kerker*

Friedrich Schiller

Der Verbrecher aus verlorener Ehre

Eine wahre Geschichte

In der ganzen Geschichte des Menschen ist kein Kapitel unterrichtender für Herz und Geist als die Annalen seiner Verirrungen. Bei jedem großen Verbrechen war eine verhältnismäßig große Kraft in Bewegung. Wenn sich das geheime Spiel der Begehrungskraft bei dem matteren Licht gewöhnlicher Affekte versteckt, so wird es im Zustand gewaltsamer Leidenschaft desto hervorspringender, kolossalischer, lauter; der feinere Menschenforscher, welcher weiß, wie viel man auf die Mechanik der gewöhnlichen Willensfreiheit eigentlich rechnen darf und wie weit es erlaubt ist, analogisch zu schließen, wird manche Erfahrungen aus diesem Gebiete in seine Seelenlehre herübertragen und für das sittliche Leben verarbeiten.

Es ist etwas so Einförmiges und doch wieder so Zusammengesetztes, das menschliche Herz. Eine und eben dieselbe Fertigkeit oder Begierde kann in tausenderlei Formen und Richtungen spielen, kann tausend widersprechende Phänomene bewirken, kann in tausend Charaktern anders gemischt erscheinen, und tausend ungleiche Charaktere und Handlungen können wieder aus einerlei Neigungen gesponnen sein, wenn auch der Mensch, von welchem die Rede ist, nichts weniger denn eine solche Verwandtschaft ahndet. Stünde einmal, wie für die übrigen Reiche der Natur, auch für das Menschengeschlecht ein Linnäus auf, welcher nach Trieben und Neigungen klassifizierte, wie sehr würde man erstaunen, wenn man so manchen, dessen Laster in einer engen bürgerlichen Sphäre und in der schmalen Umzäunung der Gesetze jetzt ersticken muß, mit dem Ungeheuer Borgia in einer Ordnung beisammen fände.

Von dieser Seite betrachtet, läßt sich manches gegen die gewöhnliche Behandlung der Geschichte einwenden, und hier, vermute ich, liegt auch die Schwierigkeit, warum das Studium derselben für das bürgerliche Leben noch immer so fruchtlos geblieben. Zwischen der heftigen Gemütsbewegung des handelnden Menschen und der ruhigen Stimmung des Lesers, welchem diese Handlung vorgelegt wird, herrscht ein so widriger Kontrast, liegt ein so breiter Zwischenraum, daß es dem letztern schwer, ja unmöglich wird, einen Zusammenhang nur zu ahnden. Es bleibt eine Lücke zwischen dem historischen Subjekt und dem Leser, die alle Möglichkeit einer Vergleichung oder Anwendung abschneidet und statt jenes heilsamen Schreckens, der die stolze Gesundheit warnet, ein Kopfschütteln der Befremdung erweckt. Wir sehen den Unglücklichen, der doch in eben der Stunde, wo er die Tat beging, so wie in der, wo er dafür büßet, Mensch war wie wir, für ein Geschöpf fremder Gattung an, dessen Blut anders umläuft als das unsrige, dessen Wille andern Regeln gehorcht als der unsrige; seine Schicksale rühren uns wenig, denn Rührung gründet sich ja nur auf ein dunkles Bewußtsein ähnlicher Gefahr, und wir sind weit entfernt, eine solche Ähnlichkeit auch nur zu träumen. Die Belehrung geht mit der Beziehung verloren, und die Geschichte, anstatt eine Schule der Bildung zu sein, muß sich mit einem armseligen Verdienste um unsre Neugier begnügen. Soll sie uns mehr sein und ihren großen Endzweck erreichen, so muß sie notwendig unter diesen beiden Methoden wählen - Entweder der Leser muß warm werden wie der Held, oder der Held wie der Leser erkalten.

Ich weiß, daß von den besten Geschichtsschreibern neuerer Zeit und des Altertums manche sich an die erste Methode gehalten und das Herz ihres Lesers durch hinreißenden Vortrag bestochen haben. Aber diese Manier ist eine Usurpation des Schriftstellers und beleidigt die republikanische Freiheit des lesenden Publikums, dem es zukömmt, selbst zu Gericht zu sitzen; sie ist zugleich eine Verletzung der Grenzengerechtigkeit, denn diese Methode gehört ausschließend und eigentümlich dem Redner und Dichter. Dem Geschichtsschreiber bleibt nur die letztere übrig.

Der Held muß kalt werden wie der Leser, oder, was hier ebensoviel sagt, wir müssen mit ihm bekannt werden, eh' er handelt; wir müssen ihn seine Handlung nicht bloß *vollbringen* sondern auch wollen sehen. An seinen Gedanken liegt uns unendlich mehr als an seinen Taten, und noch weit mehr an den Quellen seiner Gedanken als an den Folgen jener Taten. Man hat das Erdreich des Vesuvs untersucht, sich die Entstehung seines Brandes zu erklären; warum schenkt man einer moralischen Erscheinung weniger Aufmerksamkeit als einer physischen? Warum achtet man nicht in eben dem Grade auf die Beschaffenheit und Stellung der Dinge, welche einen solchen Menschen umgaben, bis der gesammelte Zunder in seinem Inwendigen Feuer fing? Den Träumer, der das Wunderbare liebt, reizt eben das Seltsame und Abenteuerliche einer solchen Erscheinung; der Freund der Wahrheit sucht eine Mutter zu diesen verlorenen Kindern. Er sucht sie in der *unveränderlichen* Struktur der menschlichen Seele und in den *veränderlichen* Bedingungen, welche sie von außen bestimmten, und in diesen beiden findet er sie gewiß. Ihn überrascht es nun nicht mehr, in dem nämlichen Beete, wo sonst überall heilsame Kräuter blühen, auch den giftigen Schierling gedeihen zu sehen, Weisheit und Torheit, Laster und Tugend in einer Wiege beisammen zu finden.

Wenn ich auch keinen der Vorteile hier in Anschlag bringe, welche die Seelenkunde aus einer solchen Behandlungsart der Geschichte zieht, so behält sie schon allein darum den Vorzug, weil sie den grausamen Hohn und die stolze Sicherheit ausrottet, womit gemeiniglich die ungeprüfte aufrechtstehende Tugend auf die gefallne herunterblickt; weil sie den sanften Geist der Duldung verbreitet, ohne welchen kein Flüchtling zurückkehrt, keine Aussöhnung des Gesetzes mit seinem Beleidiger stattfindet, kein angestecktes Glied der Gesellschaft von dem gänzlichen Brande gerettet wird.

Ob der Verbrecher, von dem ich jetzt sprechen werde, auch noch ein Recht gehabt hätte, an jenen Geist der Duldung zu appellieren? ob er wirklich ohne Rettung für den Körper des Staats verloren war? - Ich will dem Ausspruch des Lesers nicht vorgreifen. Unsre Gelindigkeit fruchtet ihm nichts mehr, denn er starb durch des Henkers Hand - aber die Leichenöffnung seines Lasters unterrichtet vielleicht die Menschheit und - es ist möglich, auch die Gerechtigkeit.

Christian Wolf war der Sohn eines Gastwirts in einer ...schen Landstadt (deren Namen man aus Gründen, die sich in der Folge aufklären, verschweigen muß) und half seiner Mutter, denn der Vater war tot, bis in sein zwanzigstes Jahr die Wirtschaft besorgen. Die Wirtschaft war schlecht, und Wolf hatte müßige Stunden. Schon von der Schule her war er für einen losen Buben bekannt. Erwachsene Mädchen führten Klagen über seine Frechheit, und die Jungen des Städtchens huldigten seinem erfinderischen Kopfe. Die Natur hatte seinen Körper verabsäumt. Eine kleine unscheinbare Figur, krauses Haar von einer unangenehmen Schwärze, eine plattgedrückte Nase und eine geschwollene Oberlippe, welche noch überdies durch den Schlag eines Pferdes aus ihrer Richtung gewichen war, gab seinem Anblick eine Widrigkeit, welche alle Weiber von ihm zurückscheuchte und dem Witz seiner Kameraden eine reichliche Nahrung darbot.

Er wollte ertrotzen, was ihm verweigert war; weil er mißfiel, setzte er sich vor, zu gefallen. Er war sinnlich und beredete sich, daß er liebe. Das Mädchen, das er wählte, mißhandelte ihn; er hatte Ursache, zu fürchten, daß seine Nebenbuhler glücklicher wären; doch das Mädchen war arm. Ein Herz, das seinen Beteurungen verschlossen blieb, öffnete sich vielleicht seinen Geschenken, aber ihn selbst drückte Mangel, und der eitle Versuch, seine Außenseite geltend zu machen, verschlang noch das Wenige, was er durch eine schlechte Wirtschaft erwarb. Zu bequem und zu unwissend, seinem zerrütteten Hauswesen durch Spekulation aufzuhelfen, zu stolz, auch zu weichlich, den Herrn, der er bisher gewesen war, mit dem Bauer zu vertauschen und seiner angebeteten Freiheit zu entsagen, sah er nur einen Ausweg vor sich - den Tausende vor ihm und nach ihm mit besserem Glücke ergriffen haben - den Ausweg, *honett zu stehlen.* Seine Vaterstadt grenzte an eine landesherrliche Waldung, er wurde Wilddieb, und der Ertrag seines Raubes wanderte treulich in die Hände seiner Geliebten.

Unter den Liebhabern Hannchens war Robert, ein Jägerpursche des Försters. Frühzeitig merkte dieser den Vorteil, den die Freigiebigkeit seines Nebenbuhlers über ihn gewonnen hatte, und mit Scheelsucht forschte er nach den Quellen dieser Veränderung. Er zeigte sich fleißiger in der »Sonne« - dies war das Schild zu dem Wirtshaus - sein laurendes Auge, von Eifersucht und Neide geschärft, entdeckte ihm bald, woher dieses Geld floß. Nicht lange vorher war ein strenges Edikt gegen die Wildschützen erneuert worden, welches den Übertreter zum Zuchthaus verdammte. Robert war unermüdet, die geheimen Gänge seines Feindes zu beschleichen; endlich gelang es ihm auch, den Unbesonnenen über der Tat zu ergreifen. Wolf wurde eingezogen, und nur mit Aufopferung seines ganzen kleinen Vermögens brachte er es mühsam dahin, die zuerkannte Strafe durch eine Geldbuße abzuwenden.

Robert triumphierte. Sein Nebenbuhler war aus dem Felde geschlagen und Hannchens Gunst für den Bettler verloren. Wolf kannte seinen Feind, und dieser Feind war der glückliche Besitzer seiner Johanne. Drückendes Gefühl des Mangels gesellte sich zu beleidigtem Stolze, Not und Eifersucht stürmen vereinigt auf seine Empfindlichkeit ein, der Hunger treibt ihn hinaus in die weite Welt, Rache und Leidenschaft halten ihn fest. Er wird zum zweitenmal Wilddieb; aber Roberts verdoppelte Wachsamkeit überlistet ihn zum zweitenmal wieder. Jetzt erfährt er die ganze Schärfe des Gesetzes: denn er hat nichts mehr zu geben, und in wenigen Wochen wird er in das Zuchthaus der Residenz abgeliefert.

Das Strafjahr war überstanden, seine Leidenschaft durch die Entfernung gewachsen und sein Trotz unter dem Gewicht des Unglücks gestiegen. Kaum erlangt er die Freiheit, so eilt er nach seinem Geburtsort, sich seiner Johanne zu zeigen. Er erscheint: man flieht ihn. Die dringende Not hat endlich seinen Hochmut gebeugt und seine Weichlichkeit überwunden - er bietet sich den Reichen des Orts an und will für den Taglohn dienen. Der Bauer zuckt über den schwachen Zärtling die Achsel; der derbe Knochenbau seines handfesten Mitbewerbers sticht ihn bei diesem fühllosen Gönner aus. Er wagt einen letzten Versuch. Ein Amt ist noch ledig, der äußerste verlorne Posten des ehrlichen Namens - er meldet sich zum Hirten des Städtchens, aber der Bauer will seine Schweine keinem Taugenichts anvertrauen. In allen Entwürfen getäuscht, an allen Orten zurückgewiesen, wird er zum drittenmal Wilddieb, und zum drittenmal trifft ihn das Unglück, seinem wachsamen Feind in die Hände zu fallen.

Der doppelte Rückfall hatte seine Verschuldung erschwert. Die Richter sahen in das Buch der Gesetze, aber nicht einer in die Gemütsverfassung des Beklagten. Das Mandat gegen die Wilddiebe bedurfte einer solennen und exemplarischen Genugtuung, und Wolf ward verurteilt, das Zeichen des Galgens auf den Rücken gebrannt, drei Jahre auf der Festung zu arbeiten.

Auch diese Periode verlief, und er ging von der Festung - aber ganz anders, als er dahin gekommen war. Hier fängt eine neue Epoche in seinem Leben an; man höre ihn selbst, wie er nachher gegen seinen geistlichen Beistand und vor Gerichte bekannt hat. »Ich betrat die Festung«, sagte er, »als ein Verirrter und verließ sie als ein Lotterbube. Ich hatte noch etwas in der Welt gehabt, das mir teuer war, und mein Stolz krümmte sich unter der Schande. Wie ich auf die Festung gebracht war, sperrte man mich zu dreiundzwanzig Gefangenen ein, unter denen zwei Mörder und die übrigen alle berüchtigte Diebe und Vagabunden waren. Man verhöhnte mich, wenn ich von Gott sprach, und setzte mir zu, schändliche Lästerungen gegen den Erlöser zu sagen. Man sang mir Hurenlieder vor, die ich, ein lüderlicher Bube, nicht ohne Ekel und Entsetzen hörte; aber was ich ausüben sah, empörte meine Schamhaftigkeit noch mehr. Kein Tag verging, wo nicht irgend ein schändlicher Lebenslauf wiederholt, irgend ein schlimmer Anschlag geschmiedet ward. Anfangs floh ich dieses Volk und verkroch mich vor ihren Gesprächen, so gut mir's möglich war; aber ich brauchte ein Geschöpf, und die Barbarei meiner Wächter hatte mir auch meinen Hund abgeschlagen. Die Arbeit war hart und tyrannisch, mein Körper kränklich; ich brauchte Beistand, und wenn ich's aufrichtig sagen soll, ich brauchte Bedaurung, und diese mußte ich mit dem letzten Überrest meines Gewissens erkaufen. So gewöhnte ich mich endlich an das Abscheulichste, und im letzten Vierteljahr hatte ich meine Lehrmeister übertroffen.

»Von jetzt an lechzte ich nach dem Tag meiner Freiheit, wie ich nach Rache lechzte. Alle Menschen hatten mich beleidigt, denn alle waren besser und glücklicher als ich. Ich betrachtete mich als den Märtyrer des natürlichen Rechts und als ein Schlachtopfer der Gesetze. Zähneknirschend rieb ich meine Ketten, wenn die Sonne hinter meinem Festungsberg heraufkam; eine weite Aussicht ist zwiefache Hölle für einen Gefangenen. Der freie Zugwind, der durch die Luftlöcher meines Turmes pfeifte, und die Schwalbe, die sich auf dem eisernen Stab meines Gitters niederließ, schienen mich mit ihrer Freiheit zu necken und machten mir meine Gefangenschaft desto gräßlicher. Damals gelobte ich unversöhnlichen, glühenden Haß allem, was dem Menschen gleicht, und was ich gelobte, hab' ich redlich gehalten.

»Mein erster Gedanke, sobald ich mich frei sah, war meine Vaterstadt. So wenig auch für meinen künftigen Unterhalt da zu hoffen war, so viel versprach sich mein Hunger nach Rache. Mein Herz klopfte wilder, als der Kirchturm von weitem aus dem Gehölze stieg. Es war nicht mehr das herzliche Wohlbehagen, wie ich's bei meiner ersten Wallfahrt empfunden hatte. - Das Andenken alles Ungemachs, aller Verfolgungen, die ich dort einst erlitten hatte, erwachte mit einemmal aus einem schrecklichen Todesschlaf, alle Wunden bluteten wieder, alle Narben gingen auf. Ich verdoppelte meine Schritte, denn es erquickte mich im voraus, meine Feinde durch meinen plötzlichen Anblick in Schrecken zu setzen, und ich dürstete jetzt ebenso sehr nach neuer Erniedrigung, als ich ehemals davor gezittert hatte.

»Die Glocken läuteten zur Vesper, als ich mitten auf dem Markte stand. Die Gemeine wimmelte zur Kirche. Man erkannte mich schnell, jedermann, der mir aufstieß, trat scheu zurück. Ich hatte von jeher die kleinen Kinder sehr lieb gehabt, und auch jetzt übermannte mich's unwillkürlich, daß ich einem Knaben, der neben mir vorbei hüpfte, einen Groschen bot. Der Knabe sah mich einen Augenblick starr an und warf mir den Groschen ins Gesicht. Wäre mein Blut nur etwas ruhiger gewesen, so hätte ich mich erinnert, daß der Bart, den ich noch von der Festung mitbrachte, meine Gesichtszüge bis zum Gräßlichen entstellte - aber mein böses Herz hatte meine Vernunft angesteckt. Tränen, wie ich sie nie geweint hatte, liefen über meine Backen.

»›Der Knabe weiß nicht, wer ich bin, noch woher ich komme‘, sagte ich halblaut zu mir selbst, ›und doch meidet er mich wie ein schändliches Tier. Bin ich denn irgendwo auf der Stirne gezeichnet, oder habe ich aufgehört, einem Menschen ähnlich zu sehen, weil ich fühle, daß ich keinen mehr lieben kann?‹ - Die Verachtung dieses Knaben schmerzte mich bitterer als dreijähriger Galliotendienst, denn ich hatte ihm Gutes getan und konnte *ihn* keines persönlichen Hasses beschuldigen.

»Ich setzte mich auf einen Zimmerplatz, der Kirche gegenüber; was ich eigentlich wollte, weiß ich nicht; doch ich weiß noch, daß ich mit Erbitterung aufstand, als von allen meinen vorübergehenden Bekannten keiner mich nur eines Grußes gewürdigt hatte, auch nicht einer. Unwillig verließ ich meinen Standort, eine Herberge aufzusuchen; als ich an der Ecke einer Gasse umlenkte, rannte ich gegen meine Johanne. ›Sonnenwirt!‘ schrie sie laut auf und machte eine Bewegung, mich zu umarmen. ›Du wieder da, lieber Sonnenwirt! Gott sei Dank, daß du wiederkömmst!‹ Hunger und Elend sprach aus ihrer Bedeckung, eine schändliche Krankheit aus ihrem Gesichte; ihr Anblick verkündigte die verworfenste Kreatur, zu der sie erniedrigt war. Ich ahndete schnell, was hier geschehen sein möchte; einige fürstliche Dragoner, die mir eben begegnet waren, ließen mich erraten, daß Garnison in dem Städtchen lag. ›Soldatendirne!‹ rief ich und drehte ihr lachend den Rücken zu. Es tat mir wohl, daß noch ein Geschöpf unter mir war im Rang der Lebendigen. Ich hatte sie niemals geliebt.

»Meine Mutter war tot. Mit meinem kleinen Hause hatten sich meine Kreditoren bezahlt gemacht. Ich hatte niemand und nichts mehr. Alle Welt floh mich wie einen Giftigen, aber ich hatte endlich verlernt, mich zu schämen. Vorher hatte ich mich dem Anblick der Menschen entzogen, weil Verachtung mir unerträglich war. Jetzt drang ich mich auf und ergötzte mich, sie zu verscheuchen. Es war mir wohl, weil ich nichts mehr zu verlieren und nichts mehr zu hüten hatte. Ich brauchte keine gute Eigenschaft mehr, weil man keine mehr bei mir vermutete.

»Die ganze Welt stand mir offen, ich hätte vielleicht in einer fremden Provinz für einen ehrlichen Mann gegolten, aber ich hatte den Mut verloren, es auch nur zu scheinen. Verzweiflung und Schande hatten mir endlich diese Sinnesart aufgezwungen. Es war die letzte Ausflucht, die mir übrig war, die Ehre entbehren zu lernen, weil ich an keine mehr Anspruch machen durfte. Hätten meine Eitelkeit und mein Stolz meine Erniedrigung erlebt, so hätte ich mich selber entleiben müssen.

»Was ich nunmehr eigentlich beschlossen hatte, war mir selber noch unbekannt. Ich wollte Böses tun, soviel erinnere ich mich noch dunkel. Ich wollte mein Schicksal verdienen. Die Gesetze, meinte ich, wären Wohltaten für die Welt, also faßte ich den Vorsatz, sie zu verletzen; ehemals hatte ich aus Notwendigkeit und Leichtsinn gesündigt, jetzt tat ich's aus freier Wahl zu meinem Vergnügen.

»Mein Erstes war, daß ich mein Wildschießen fortsetzte. Die Jagd überhaupt war mir nach und nach zur Leidenschaft geworden, und außerdem mußte ich ja leben. Aber dies war es nicht allein; es kitzelte mich, das fürstliche Edikt zu verhöhnen und meinem Landesherrn nach allen Kräften zu schaden. Ergriffen zu werden, besorgte ich nicht mehr, denn jetzt hatte ich eine Kugel für meinen Entdecker bereit, und das wußte ich, daß mein Schuß seinen Mann nicht fehlte. Ich erlegte alles Wild, das mir aufstieß, nur weniges machte ich auf der Grenze zu Gelde, das meiste ließ ich verwesen. Ich lebte kümmerlich, um nur den Aufwand an Blei und Pulver zu bestreiten. Meine Verheerungen in der großen Jagd wurden ruchbar, aber mich drückte kein Verdacht mehr. Mein Anblick löschte ihn aus. Mein Name war vergessen.

»Diese Lebensart trieb ich mehrere Monate. Eines Morgens hatte ich nach meiner Gewohnheit das Holz durchstrichen, die Fährte eines Hirsches zu verfolgen. Zwei Stunden hatte ich mich vergeblich ermüdet, und schon fing ich an, meine Beute verloren zu geben, als ich sie auf einmal in schußgerechter Entfernung entdecke. Ich will anschlagen und abdrücken - aber plötzlich erschreckt mich der Anblick eines Hutes, der wenige Schritte vor mir auf der Erde liegt. Ich forsche genauer und erkenne den Jäger Robert, der hinter dem dicken Stamm einer Eiche auf eben das Wild anschlägt, dem ich den Schuß bestimmt hatte. Eine tödliche Kälte fährt bei diesem Anblick durch meine Gebeine. Just das war der Mensch, den ich unter allen lebendigen Dingen am gräßlichsten haßte, und dieser Mensch war in die Gewalt meiner Kugel gegeben. In diesem Augenblick dünkte mich's, als ob die ganze Welt in meinem Flintenschuß läge und der Haß meines ganzen Lebens in die einzige Fingerspitze sich zusammendrängte, womit ich den mörderischen Druck tun sollte. Eine unsichtbare fürchterliche Hand schwebte über mir, der Stundenweiser meines Schicksals zeigte unwiderruflich auf diese schwarze Minute. Der Arm zitterte mir, da ich meiner Flinte die schreckliche Wahl erlaubte – meine Zähne schlugen zusammen wie im Fieberfrost, und der Odem sperrte sich erstickend in meiner Lunge. Eine Minute lang blieb der Lauf meiner Flinte ungewiß zwischen dem Menschen und dem Hirsch mitten inne schwanken - eine Minute - und noch eine - und wieder eine. Rache und Gewissen rangen hartnäckig und zweifelhaft, aber die Rache gewann's, und der Jäger lag tot am Boden.

»Mein Gewehr fiel mit dem Schusse ... ›Mörder‹ ... stammelte ich langsam - der Wald war still wie ein Kirchhof - ich hörte deutlich, daß ich ›Mörder‹ sagte. Als ich näher schlich, starb der Mann. Lange stand ich sprachlos vor dem Toten, ein helles Gelächter endlich machte mir Luft. ›Wirst du jetzt reinen Mund halten, guter Freund!‹ sagte ich und trat keck hin, indem ich zugleich das Gesicht des Ermordeten auswärtskehrte. Die Augen standen ihm weit auf. Ich wurde ernsthaft und schwieg plötzlich wieder stille. Es fing mir an, seltsam zu werden.

»Bis hierher hatte ich auf Rechnung meiner Schande gefrevelt; jetzt war etwas geschehen, wofür ich noch nicht gebüßt hatte. Eine Stunde vorher, glaube ich, hätte mich kein Mensch überredet, daß es noch etwas Schlechteres als mich unter dem Himmel gebe; jetzt fing ich an zu mutmaßen, daß ich vor einer Stunde wohl gar zu beneiden war.

»Gottes Gerichte fielen mir nicht ein - wohl aber eine, ich weiß nicht welche? verwirrte Erinnerung an Strang und Schwert und die Exekution einer Kindermörderin, die ich als Schuljunge mit angesehen hatte. Etwas ganz besonders Schreckbares lag für mich in dem Gedanken, daß von jetzt an mein Leben verwirkt sei. Auf mehreres besinne ich mich nicht mehr. Ich wünschte gleich darauf, daß er noch lebte. Ich tat mir Gewalt an, mich lebhaft an alles Böse zu erinnern, das mir der Tote im Leben zugefügt hatte, aber sonderbar! mein Gedächtnis war wie ausgestorben. Ich konnte nichts mehr von alle dem hervorrufen, was mich vor einer Viertelstunde zum Rasen gebracht hatte. Ich begriff gar nicht, wie ich zu dieser Mordtat gekommen war.

»Noch stand ich vor der Leiche, noch immer. Das Knallen einiger Peitschen und das Geknarre von Frachtwagen, die durchs Holz fuhren, brachte mich zu mir selbst. Es war kaum eine Viertelmeile abseits der Heerstraße, wo die Tat geschehen war. Ich mußte auf meine Sicherheit denken.

»Unwillkürlich verlor ich mich tiefer in den Wald. Auf dem Wege fiel mir ein, daß der Entleibte sonst eine Taschenuhr besessen hätte. Ich brauchte Geld, um die Grenze zu erreichen - und doch fehlte mir der Mut, nach dem Platz umzuwenden, wo der Tote lag. Hier erschreckte mich ein Gedanke an den Teufel und eine Allgegenwart Gottes. Ich raffte meine ganze Kühnheit zusammen; entschlossen, es mit der ganzen Hölle aufzunehmen, ging ich nach der Stelle zurück. Ich fand, was ich erwartet hatte, und in einer grünen Börse noch etwas weniges über einen Taler an Gelde. Eben da ich beides zu mir stecken wollte, hielt ich plötzlich ein und überlegte. Es war keine Anwandlung von Scham, auch nicht Furcht, mein Verbrechen durch Plünderung zu vergrößern - Trotz, glaube ich, war es, daß ich die Uhr wieder von mir warf und von dem Gelde nur die Hälfte behielt. Ich wollte für einen persönlichen Feind des Erschossenen, aber nicht für seinen Räuber gehalten sein.

»Jetzt floh ich waldeinwärts. Ich wußte, daß das Holz sich vier deutsche Meilen nordwärts erstreckte und dort an die Grenzen des Landes stieß. Bis zum hohen Mittage lief ich atemlos. Die Eilfertigkeit meiner Flucht hatte meine Gewissensangst zerstreut, aber sie kam schrecklicher zurück, wie meine Kräfte mehr und mehr ermatteten. Tausend gräßliche Gestalten gingen an mir vorüber und schlugen wie schneidende Messer in meine Brust. Zwischen einem Leben voll rastloser Todesfurcht und einer gewaltsamen Entleibung war mir jetzt eine schreckliche Wahl gelassen, und ich mußte wählen. Ich hatte das Herz nicht, durch Selbstmord aus der Welt zu gehen, und entsetzte mich vor der Aussicht, darin zu bleiben. Geklemmt zwischen die gewissen Qualen des Lebens und die ungewissen Schrecken der Ewigkeit, gleich unfähig zu leben und zu sterben, brachte ich die sechste Stunde meiner Flucht dahin, eine Stunde, voll gepreßt von Qualen, wovon noch kein lebendiger Mensch zu erzählen weiß.

»In mich gekehrt und langsam, ohne mein Wissen den Hut tief ins Gesicht gedrückt, als ob mich dies vor dem Auge der leblosen Natur hätte unkenntlich machen können, hatte ich unvermerkt einen schmalen Fußsteig verfolgt, der mich durch das dunkelste Dickicht führte - als plötzlich eine rauhe befehlende Stimme vor mir her: ›Halt!‹ rufte. Die Stimme war ganz nahe, meine Zerstreuung und der heruntergedrückte Hut hatten mich verhindert, um mich herum zu schauen. Ich schlug die Augen auf und sah einen wilden Mann auf mich zukommen, der eine große knotigte Keule trug. Seine Figur ging ins Riesenmäßige - meine erste Bestürzung wenigstens hatte mich dies glauben gemacht - und die Farbe seiner Haut war von einer gelben Mulattenschwärze, woraus das Weiße eines schielenden Auges bis zum Grassen hervortrat. Er hatte statt eines Gurts ein dickes Seil zwiefach um einen grünen wollenen Rock geschlagen, worin ein breites Schlachtmesser bei einer Pistole stak. Der Ruf wurde wiederholt, und ein kräftiger Arm hielt mich fest. Der Laut eines Menschen hatte mich in Schrecken gejagt, aber der Anblick eines Bösewichts gab mir Herz. In der Lage, worin ich jetzt war, hatte ich Ursache, vor jedem redlichen Mann, aber keine mehr, vor einem Räuber zu zittern.

»›Wer da?‹ sagte diese Erscheinung.

»›Deinesgleichen,‹ war meine Antwort, ›wenn du der wirklich bist, dem du gleich siehst!‹

»›Dahinaus geht der Weg nicht. Was hast du hier zu suchen?‹

»›Was hast du hier zu fragen?‹ versetzte ich trotzig.

»›Der Mann betrachtete mich zweimal vom Fuß bis zum Wirbel. Es schien, als ob er meine Figur gegen die seinige und meine Antwort gegen meine Figur halten wollte - ›Du sprichst brutal wie ein Bettler‹, sagte er endlich.

»›Das mag sein. Ich bin's noch gestern gewesen.‹

»Der Mann lachte. ›Man sollte darauf schwören‹, rief er, ›du wolltest auch noch jetzt für nichts Bessers gelten.‹

»›Für etwas Schlechteres also‹ - Ich wollte weiter.

»›Sachte Freund! Was jagt dich denn so? Was hast du für Zeit zu verlieren?‹

»Ich besann mich einen Augenblick. Ich weiß nicht, wie mir das Wort auf die Zunge kam: ›Das Leben ist kurz,‹ sagte ich langsam, ›und die Hölle währt ewig.‹

»Er sah mich stier an. ›Ich will verdammt sein,‹ sagte er endlich, ›oder du bist irgend an einem Galgen hart vorbeigestreift.‹

»›Das mag wohl noch kommen. Also auf Wiedersehen, Kamerad!‹

»›Topp, Kamerade!‹ - schrie er, indem er eine zinnerne Flasche aus seiner Jagdtasche hervorlangte, einen kräftigen Schluck daraus tat und mir sie reichte. Flucht und Beängstigung hatten meine Kräfte aufgezehrt, und diesen ganzen entsetzlichen Tag war noch nichts über meine Lippen gekommen. Schon fürchtete ich, in dieser Waldgegend zu verschmachten, wo auf drei Meilen in der Runde kein Labsal für mich zu hoffen war. Man urteile, wie froh ich auf diese angebotne Gesundheit Bescheid tat. Neue Kraft floß mit diesem Erquicktrunk in meine Gebeine und frischer Mut in mein Herz, und Hoffnung und Liebe zum Leben. Ich fing an, zu glauben, daß ich doch wohl nicht ganz elend wäre; so viel konnte dieser willkommene Trank. Ja, ich bekenne es, mein Zustand grenzte wieder an einen glücklichen, denn endlich, nach tausend fehlgeschlagenen Hoffnungen, hatte ich eine Kreatur gefunden, die mir ähnlich schien. In dem Zustande, worein ich versunken war, hätte ich mit dem höllischen Geiste Kameradschaft getrunken, um einen Vertrauten zu haben.

»Der Mann hatte sich aufs Gras hingestreckt, ich tat ein gleiches.

»›Dein Trunk hat mir wohlgetan!‹ sagte ich. ›Wir müssen bekannter werden.‹

»Er schlug Feuer, seine Pfeife zu zünden.

»›Treibst du das Handwerk schon lange?‹

»Er sah mich fest an. ›Was willst du damit sagen?‹

»›War das schon oft blutig?‹ Ich zog das Messer aus seinem Gürtel.

»›Wer bist du?‹ sagte er schrecklich und legte die Pfeife von sich.

»›Ein Mörder wie du - aber nur erst ein Anfänger.‹

»Der Mensch sah mich steif an und nahm seine Pfeife wieder.

»›Du bist nicht hier zu Hause?‹ sagte er endlich.

»›Drei Meilen von hier. Der Sonnenwirt in L..., wenn du von mir gehöret hast.‹

»Der Mann sprang auf wie ein Beseßner. ›Der Wildschütze Wolf?‹ schrie er hastig.

»›Der nämliche.‹

»›Willkommen, Kamerad! Willkommen!‹ rief er und schüttelte mir kräftig die Hände. ›Das ist brav, daß ich dich endlich habe, Sonnenwirt. Jahr und Tag schon sinn' ich darauf, dich zu kriegen. Ich kenne dich recht gut. Ich weiß um alles. Ich habe lange auf dich gerechnet.‹

»›Auf mich gerechnet? Wozu denn?‹

»›Die ganze Gegend ist voll von dir. Du hast Feinde, ein Amtmann hat dich gedrückt, Wolf. Man hat dich zu Grunde gerichtet, himmelschreiend ist man mit dir umgegangen.‹

»Der Mann wurde hitzig - ›Weil du ein paar Schweine geschossen hast, die der Fürst auf unsern Äckern und Feldern füttert, haben sie dich Jahre lang im Zuchthaus und auf der Festung herumgezogen, haben sie dich um Haus und Wirtschaft bestohlen, haben sie dich zum Bettler gemacht. Ist es dahin gekommen, Bruder, daß der Mensch nicht mehr gelten soll als ein Hase? Sind wir nicht besser als das Vieh auf dem Felde? - Und ein Kerl wie du konnte das dulden?‹

»›Konnt' ich's ändern?‹

»›Das werden wir ja wohl sehen. Aber sage mir doch, woher kömmst du denn jetzt, und was führst du im Schilde?‹

»Ich erzählte ihm meine ganze Geschichte. Der Mann, ohne abzuwarten, bis ich zu Ende war, sprang mit froher Ungeduld auf, und mich zog er nach. ›Komm, Bruder Sonnenwirt,‹ sagte er, ›jetzt bist du reif, jetzt hab' ich dich, wo ich dich brauchte. Ich werde Ehre mit dir einlegen. Folge mir.‹

»›Wo willst du mich hinführen?‹

»›Frage nicht lange. Folge!‹ - Er schleppte mich mit Gewalt fort.

»Wir waren eine kleine Viertelmeile gegangen. Der Wald wurde immer abschüssiger, unwegsamer und wilder, keiner von uns sprach ein Wort, bis mich endlich die Pfeife meines Führers aus meinen Betrachtungen aufschreckte. Ich schlug die Augen auf, wir standen am schroffen Absturz eines Felsen, der sich in eine tiefe Kluft hinunterbückte. Eine zwote Pfeife antwortete aus dem innersten Bauche des Felsen, und eine Leiter kam, wie von sich selbst, langsam aus der Tiefe gestiegen. Mein Führer kletterte zuerst hinunter, mich hieß er warten, bis er wiederkäme. ›Erst muß ich den Hund an Ketten legen lassen,‹ setzte er hinzu, ›du bist hier fremd, die Bestie würde dich zerreißen.‹ Damit ging er.

»Jetzt stand ich allein vor dem Abgrund, und ich wußte recht gut, daß ich allein war. Die Unvorsichtigkeit meines Führers entging meiner Aufmerksamkeit nicht. Es hätte mich nur einen beherzten Entschluß gekostet, die Leiter heraufzuziehen, so war ich frei, und meine Flucht war gesichert. Ich gestehe, daß ich das einsah. Ich sah in den Schlund hinab, der mich jetzt aufnehmen sollte; es erinnerte mich dunkel an den Abgrund der Hölle, woraus keine Erlösung mehr ist. Mir fing an, vor der Laufbahn zu schaudern, die ich nunmehr betreten wollte; nur eine schnelle Flucht konnte mich retten. Ich beschließe diese Flucht - schon strecke ich den Arm nach der Leiter aus - aber auf einmal donnert's in meinen Ohren, es umhallt mich wie Hohngelächter der Hölle: *›Was hat ein Mörder zu wagen?‹* - und mein Arm fällt gelähmt zurück. Meine Rechnung war völlig, die Zeit der Reue war dahin, mein begangener Mord lag hinter mir aufgetürmt wie ein Fels und sperrte meine Rückkehr auf ewig. Zugleich erschien auch mein Führer wieder und kündigte mir an, daß ich kommen solle. Jetzt war ohnehin keine Wahl mehr. Ich kletterte hinunter.

»Wir waren wenige Schritte unter der Felsmauer weggegangen, so erweiterte sich der Grund, und einige Hütten wurden sichtbar. Mitten zwischen diesen öffnete sich ein runder Rasenplatz, auf welchem sich eine Anzahl von achtzehn bis zwanzig Menschen um ein Kohlfeuer gelagert hatte. ›Hier, Kameraden,‹ sagte mein Führer und stellte mich mitten in den Kreis; unser Sonnenwirt! heißt ihn willkommen!‹

»›Sonnenwirt!‹ schrie alles zugleich, und alles fuhr auf und drängte sich um mich her, Männer und Weiber. Soll ich's gestehn? Die Freude war ungeheuchelt und herzlich, Vertrauen, Achtung sogar erschien auf jedem Gesichte, dieser drückte mir die Hand, jener schüttelte mich vertraulich am Kleide, der ganze Auftritt war wie das Wiedersehen eines alten Bekannten, der einem wert ist. Meine Ankunft hatte den Schmaus unterbrochen, der eben anfangen sollte. Man setzte ihn sogleich fort und nötigte mich, den Willkomm zu trinken. Wildbret aller Art war die Mahlzeit, und die Weinflasche wanderte unermüdet von Nachbar zu Nachbar. Wohlleben und Einigkeit schien die ganze Bande zu beseelen, und alles wetteiferte, seine Freude über mich zügelloser an den Tag zu legen.

»Man hatte mich zwischen zwo Weibspersonen sitzen lassen, welches der Ehrenplatz an der Tafel war. Ich erwartete den Auswurf ihres Geschlechts, aber wie groß war meine Verwunderung, als ich unter dieser schändlichen Rotte die schönsten weiblichen Gestalten entdeckte, die mir jemals vor Augen gekommen. Margarete, die älteste und schönste von beiden, ließ sich Jungfer nennen und konnte kaum fünfundzwanzig sein. Sie sprach sehr frech, und ihre Gebärden sagten noch mehr. Marie, die jüngere, war verheuratet, aber einem Manne entlaufen, der sie mißhandelt hatte. Sie war feiner gebildet, sah aber blaß aus und schmächtig und fiel weniger ins Auge als ihre feurige Nachbarin. Beide Weiber eiferten auf einander, meine Begierden zu entzünden; die schöne Margarete kam meiner Blödigkeit durch freche Scherze zuvor, aber das Weib war mir zuwider, und mein Herz hatte die schüchterne Marie auf immer gefangen.

»›Du siehst, Bruder Sonnenwirt,‹ fing der Mann jetzt an, der mich hergebracht hatte, ›du siehst, wie wir unter einander leben, und jeder Tag ist dem heutigen gleich. Nicht wahr, Kameraden?‹

»›Jeder Tag wie der heutige!‹ wiederholte die ganze Bande.

»›Kannst du dich also entschließen, an unserer Lebensart Gefallen zu finden, so schlag ein und sei unser Anführer. Bis jetzt bin ich es gewesen, aber dir will ich weichen. Seid ihr's zufrieden, Kameraden?‹

»Ein fröhliches ›Ja!‹ antwortete aus allen Kehlen.

»Mein Kopf glühte, mein Gehirne war betäubt, von Wein und Begierden siedete mein Blut. Die Welt hatte mich ausgeworfen wie einen Verpesteten - hier fand ich brüderliche Aufnahme, Wohlleben und Ehre. Welche Wahl ich auch treffen wollte, so erwartete mich Tod; hier aber konnte ich wenigstens mein Leben für einen höheren Preis verkaufen. Wollust war meine wütendste Neigung; das andere Geschlecht hatte mir bis jetzt nur Verachtung bewiesen, hier erwarteten mich Gunst und zügellose Vergnügungen. Mein Entschluß kostete mich wenig. ›Ich bleibe bei euch, Kameraden,‹ rief ich laut mit Entschlossenheit und trat mitten unter die Bande; ›ich bleibe bei euch,‹ rief ich nochmals, ›wenn ihr mir meine schöne Nachbarin abtretet!‹ - Alle kamen überein, mein Verlangen zu bewilligen, ich war erklärter Eigentümer einer H*** und das Haupt einer Diebesbande.«.

Den folgenden Teil der Geschichte übergehe ich ganz; das bloß Abscheuliche hat nichts Unterrichtendes für den Leser. Ein Unglücklicher, der bis zu dieser Tiefe herunter sank, mußte sich endlich alles erlauben, was die Menschheit empört - aber einen zweiten Mord beging er nicht mehr, wie er selbst auf der Folter bezeugte.

Der Ruf dieses Menschen verbreitete sich in kurzem durch die ganze Provinz. Die Landstraßen wurden unsicher, nächtliche Einbrüche beunruhigten den Bürger, der Name des Sonnenwirts wurde der Schrecken des Landvolks, die Gerechtigkeit suchte ihn auf, und eine Prämie wurde auf seinen Kopf gesetzt. Er war so glücklich, jeden Anschlag auf seine Freiheit zu vereiteln, und verschlagen genug, den Aberglauben des wundersüchtigen Bauern zu seiner Sicherheit zu benutzen. Seine Gehülfen mußten aussprengen, er habe einen Bund mit dem Teufel gemacht und könne hexen. Der Distrikt, auf welchem er seine Rolle spielte, gehörte damals noch weniger als jetzt zu den aufgeklärten Deutschlands; man glaubte diesem Gerüchte, und seine Person war gesichert. Niemand zeigte Lust, mit dem gefährlichen Kerl anzubinden, dem der Teufel zu Diensten stünde.

Ein Jahr schon hatte er das traurige Handwerk getrieben, als es anfinge, ihm unerträglich zu werden. Die Rotte, an deren Spitze er sich gestellt hatte, erfüllte seine glänzenden Erwartungen nicht. Eine verführerische Außenseite hatte ihn damals im Taumel des Weines geblendet; jetzt wurde er mit Schrecken gewahr, wie abscheulich er hintergangen worden. Hunger und Mangel traten an die Stelle des Überflusses, womit man ihn eingewiegt hatte; sehr oft mußte er sein Leben an eine Mahlzeit wagen, die kaum hinreichte, ihn vor dem Verhungern zu schützen. Das Schattenbild jener *brüderlichen* Eintracht verschwand; Neid, Argwohn und Eifersucht wüteten im Innern dieser verworfenen Bande. Die Gerechtigkeit hatte demjenigen, der ihn lebendig ausliefern würde, Belohnung und, wenn es ein Mitschuldiger wäre, noch eine feierliche Begnadigung zugesagt - eine mächtige Versuchung für den Auswurf der Erde! Der Unglückliche kannte seine Gefahr. Die Redlichkeit derjenigen, die Menschen und Gott verrieten, war ein schlechtes Unterpfand seines Lebens. Sein Schlaf war von jetzt an dahin, ewige Todesangst zerfraß seine Ruhe, das gräßliche Gespenst des Argwohns rasselte hinter ihm, wo er hinfloh, peinigte ihn, wenn er wachte, bettete sich neben ihm, wenn er schlafen ging, und schreckte ihn in entsetzlichen Träumen. Das verstummte Gewissen gewann zugleich seine Sprache wieder, und die schlafende Natter der Reue wachte bei diesem allgemeinen Sturm seines Busens auf. Sein ganzer Haß wandte sich jetzt von der Menschheit und kehrte seine schreckliche Schneide gegen ihn selber. Er vergab jetzt der ganzen Natur und fand niemand, als sich allein zu verfluchen.

Das Laster hatte seinen Unterricht an dem Unglücklichen vollendet, sein natürlich guter Verstand siegte endlich über die traurige Täuschung. Jetzt fühlte er, wie tief er gefallen war, ruhigere Schwermut trat an die Stelle knirschender Verzweiflung. Er wünschte mit Tränen die Vergangenheit zurück; jetzt wußte er gewiß, daß er sie ganz anders wiederholen würde. Er fing an, zu hoffen, daß er noch rechtschaffen werden dürfe, weil er bei sich empfand, daß er es könne. Auf dem höchsten Gipfel seiner Verschlimmerung war er dem Guten näher, als er vielleicht vor seinem ersten Fehltritt gewesen war.

Um eben diese Zeit war der Siebenjährige Krieg ausgebrochen, und die Werbungen gingen stark. Der Unglückliche schöpfte Hoffnung von diesem Umstand und schrieb einen Brief an seinen Landesherrn, den ich auszugsweise hier einrücke:

»Wenn Ihre fürstliche Huld sich nicht ekelt, bis zu mir herunter zu steigen, wenn Verbrecher *meiner* Art nicht außerhalb Ihrer Erbarmung liegen, so gönnen S i e mir Gehör, durchlauchtigster Oberherr. Ich bin Mörder und Dieb, das Gesetz verdammt mich zum Tode, die Gerichte suchen mich auf - und ich biete mich an, mich freiwillig zu stellen. Aber ich bringe zugleich eine seltsame Bitte vor Ihren Thron. Ich verabscheue mein Leben und fürchte den Tod nicht, aber schrecklich ist mir's zu sterben, ohne gelebt zu haben. Ich möchte leben, um einen Teil des Vergangenen gut zu machen; ich möchte leben, um den Staat zu versöhnen, den ich beleidigt habe. Meine Hinrichtung wird ein Beispiel sein für die Welt, aber kein Ersatz meiner Taten. Ich hasse das Laster und sehne mich feurig nach Rechtschaffenheit und Tugend. Ich habe Fähigkeiten gezeigt, meinem Vaterland furchtbar zu werden; ich hoffe, daß mir noch einige übrig geblieben sind, ihm zu nützen.

»Ich weiß, daß ich etwas Unerhörtes begehre. Mein Leben ist verwirkt, mir steht es nicht an, mit der Gerechtigkeit Unterhandlung zu pflegen. Aber ich erscheine nicht in Ketten und Banden vor Ihnen - noch bin ich frei - und meine Furcht hat den kleinsten Anteil an meiner Bitte.

»Es ist Gnade, um was ich flehe. Einen Anspruch auf Gerechtigkeit, wenn ich auch einen hätte, wage ich nicht mehr geltend zu machen. - Doch an etwas darf ich meinen Richter erinnern. Die Zeitrechnung meiner Verbrechen fängt mit dem Urteilspruch an, der mich auf immer um meine Ehre brachte. Wäre mir damals die Billigkeit minder versagt worden, so würde ich jetzt vielleicht keiner Gnade bedürfen.

»Lassen Sie Gnade für Recht ergehen, mein Fürst! Wenn es in Ihrer fürstlichen Macht steht, das Gesetz für mich zu erbitten, so schenken Sie mir das Leben. Es soll Ihrem Dienste von *nun* an gewidmet sein. Wenn Sie es können, so lassen Sie mich Ihren gnädigsten Willen aus öffentlichen Blättern vernehmen, und ich werde mich auf Ihr fürstliches Wort in der Hauptstadt stellen. Haben Sie es anders mit mir beschlossen, so tue die Gerechtigkeit denn das Ihrige, ich muß das Meinige tun.«

Diese Bittschrift blieb ohne Antwort, wie auch eine zwote und dritte, worin der Supplikant um eine Reuterstelle im Dienste des Fürsten bat. Seine Hoffnung zu einem Pardon erlosch gänzlich, er faßte also den Entschluß, aus dem Land zu fliehen und im Dienste des Königs von Preußen als ein braver Soldat zu sterben.

Er entwischte glücklich seiner Bande und trat diese Reise an. Der Weg führte ihn durch eine kleine Landstadt, wo er übernachten wollte. Kurze Zeit vorher waren durch das ganze Land geschärftere Mandate zu strenger Untersuchung der Reisenden ergangen, weil der Landesherr, ein Reichsfürst, im Kriege Partei genommen hatte. Einen solchen Befehl hatte auch der Torschreiber dieses Städtchens, der auf einer Bank vor dem Schlage saß, als der Sonnenwirt geritten kam. Der Aufzug dieses Mannes hatte etwas Possierliches und zugleich etwas Schreckliches und Wildes. Der hagre Klepper, den er ritt, und die burleske Wahl seiner Kleidungsstücke, wobei wahrscheinlich weniger sein Geschmack als die Chronologie seiner Entwendungen zu Rat gezogen war, kontrastierte seltsam genug mit einem Gesicht, worauf so viele wütende Affekte, gleich den verstümmelten Leichen auf einem Walplatz, verbreitet lagen. Der Torschreiber stutzte beim Anblick dieses seltsamen Wanderers. Er war am Schlagbaum grau geworden, und eine vierzigjährige Amtsführung hatte in ihm einen unfehlbaren Physiognomen aller Landstreicher erzogen. Der Falkenblick dieses Spürers verfehlte auch hier seinen Mann nicht. Er sperrte sogleich das Stadttor und forderte dem Reuter den Paß ab, indem er sich seines Zügels versicherte. Wolf war auf Fälle dieser Art vorbereitet und führte auch wirklich einen Paß bei sich, den er ohnlängst von einem geplünderten Kaufmann erbeutet hatte. Aber dieses einzelne Zeugnis war nicht genug, eine vierzigjährige Observanz umzustoßen und das Orakel am Schlagbaum zu einem Widerruf zu bewegen. Der Torschreiber glaubte seinen Augen mehr als diesem Papiere, und Wolf war genötigt, ihm nach dem Amtshaus zu folgen.

Der Oberamtmann des Orts untersuchte den Paß und erklärte ihn für richtig. Er war ein starker Anbeter der Neuigkeit und liebte besonders, bei seiner Bouteille über die Zeitung zu plaudern. Der Paß sagte ihm, daß der Besitzer geradewegs aus den feindlichen Ländern käme, wo der Schauplatz des Krieges war. Er hoffte, Privatnachrichten aus dem Fremden herauszulocken und schickte einen Sekretär mit dem Paß zurück, ihn auf eine Flasche Wein einzuladen.

Unterdessen hält der Sonnenwirt vor dem Amtshaus; das lächerliche Schauspiel hat den Janhagel des Städtchens scharenweise um ihn her versammelt. Man murmelt sich in die Ohren, deutet wechselweise auf das Roß und den Reuter; der Mutwille des Pöbels steigt endlich bis zu einem lauten Tumult. Unglücklicherweise war das Pferd, worauf jetzt alles mit Fingern wies, ein geraubtes; er bildet sich ein, das Pferd sei in Steckbriefen beschrieben und erkannt. Die unerwartete Gastfreundlichkeit des Oberamtmanns vollendet seinen Verdacht. Jetzt hält er's für ausgemacht, daß die Betrügerei seines Passes verraten und diese Einladung nur die Schlinge sei, ihn lebendig und ohne Widersetzung zu fangen. Böses Gewissen macht ihn zum Dummkopf, er gibt seinem Pferde die Sporen und rennt davon, ohne Antwort zu geben.

Diese plötzliche Flucht ist die Losung zum Aufstand.

»Ein Spitzbube!« ruft alles, und alles stürzt hinter ihm her. Dem Reuter gilt es um Leben und Tod, er hat schon den Vorsprung, seine Verfolger keuchen atemlos nach, er ist seiner Rettung nahe - aber eine schwere Hand drückt unsichtbar gegen ihn, die Uhr seines Schicksals ist abgelaufen, die unerbittliche Nemesis hält ihren Schuldner an. Die Gasse, der er sich anvertraute, endigt in einem Sack, er muß rückwärts gegen seine Verfolger umwenden.

Der Lärm dieser Begebenheit hat unterdessen das ganze Städtchen in Aufruhr gebracht, Haufen sammeln sich zu Haufen, alle Gassen sind gesperrt, ein Heer von Feinden kömmt im Anmarsch gegen ihn her. Er zeigt eine Pistole, das Volk weicht, er will sich mit Macht einen Weg durchs Gedränge bahnen. »Dieser Schuß«, ruft er, »soll dem Tollkühnen, der mich halten will« - Die Furcht gebietet eine allgemeine Pause - ein beherzter Schlossergeselle endlich fällt ihm von hinten her in den Arm und faßt den Finger, womit der Rasende eben losdrücken will, und drückt ihn aus dem Gelenke. Die Pistole fällt, der wehrlose Mann wird vom Pferde herabgerissen und im Triumphe nach dem Amthaus zurück geschleppt.

»Wer seid Ihr? - frägt der Richter mit ziemlich brutalem Ton.

»Ein Mann, der entschlossen ist, auf keine Frage zu antworten, bis man sie höflicher einrichtet.«

»Wer sind Sie?«

»Für was ich mich ausgab. Ich habe ganz Deutschland durchreist und die Unverschämtheit nirgends als hier zu Hause gefunden.«

»Ihre schnelle Flucht macht Sie sehr verdächtig. Warum flohen Sie?«

»Weil ich's müde war, der Spott Ihres Pöbels zu sein.«

»Sie drohten, Feuer zu geben.«

»Meine Pistole war nicht geladen.« Man untersuchte das Gewehr, es war keine Kugel darin.

»Warum führen Sie heimliche Waffen bei sich?«

»Weil ich Sachen von Wert bei mir trage, und weil man mich vor einem gewissen Sonnenwirt gewarnt hat, der in diesen Gegenden streifen soll.«

»Ihre Antworten beweisen sehr viel für Ihre Dreistigkeit, aber nichts für Ihre gute Sache. Ich gebe Ihnen Zeit bis morgen, ob Sie mir die Wahrheit entdecken wollen.«

W. v. Kaulbach, *Der Sonnenwirth im Gefängnis*

»Ich werde bei meiner Aussage bleiben.«

»Man führe ihn nach dem Turm.«

»Nach dem Turm? - Herr Oberamtmann, ich hoffe, es gibt noch Gerechtigkeit in diesem Lande. Ich werde Genugtuung fordern.«

»Ich werde sie Ihnen geben, sobald Sie gerechtfertigt sind.«

Den Morgen darauf überlegte der Oberamtmann, der Fremde möchte doch wohl unschuldig sein; die befehlshaberische Sprache würde nichts über seinen Starrsinn vermögen, er wäre vielleicht besser getan, ihm mit Anstand und Mäßigung zu begegnen. Er versammelte die Geschworenen des Orts und ließ den Gefangenen vorführen.

»Verzeihen Sie es der ersten Aufwallung, mein Herr, wenn ich Sie gestern etwas hart anließ.«

»Sehr gern, wenn Sie mich so fassen.«

»Unsre Gesetze sind strenge, und Ihre Begebenheit machte Lärm. Ich kann Sie nicht freigeben, ohne meine Pflicht zu verletzen. Der Schein ist gegen Sie. Ich wünschte, Sie sagten mir etwas, wodurch er widerlegt werden könnte.«

»Wenn ich nun nichts wüßte?«

»So muß ich den Vorfall an die Regierung berichten, und Sie bleiben so lang' in fester Verwahrung.«

»Und dann?«

»Dann laufen Sie Gefahr, als ein Landstreicher über die Grenze gepeitscht zu werden, oder, wenn's gnädig geht, unter die Werber zu fallen.«

Er schwieg einige Minuten und schien einen heftigen Kampf zu kämpfen; dann drehte er sich rasch zu dem Richter.

»Kann ich auf eine Viertelstunde mit Ihnen allein sein?«

Die Geschworenen sahen sich zweideutig an, entfernten sich aber auf einen gebietenden Wink ihres Herrn.

»Nun, was verlangen Sie?«

»Ihr gestriges Betragen, Herr Oberamtmann, hätte mich nimmermehr zu einem Geständnis gebracht, denn ich trotze der Gewalt. Die Bescheidenheit, womit Sie mich heute behandeln, hat mir Vertrauen und Achtung gegen Sie gegeben. Ich glaube, daß Sie ein edler Mann sind.«

»Was haben Sie mir zu sagen?«

»Ich sehe, daß Sie ein edler Mann sind. Ich habe mir längst einen Mann gewünscht wie Sie. Erlauben Sie mir Ihre rechte Hand.«

»Wo soll das hinaus?«

»Dieser Kopf ist grau und ehrwürdig. Sie sind lang' in der Welt gewesen - haben der Leiden wohl viele gehabt - Nicht wahr? und sind menschlicher worden?«

»Mein Herr - wozu soll das?«

»Sie stehen noch einen Schritt von der Ewigkeit, bald - bald brauchen Sie Barmherzigkeit bei Gott. Sie werden sie Menschen nicht versagen - - Ahnden Sie nichts? Mit wem glauben Sie, daß Sie reden?«

»Was ist das? Sie erschrecken mich.«

»Ahnden Sie noch nicht? - Schreiben Sie es Ihrem Fürsten, wie Sie mich fanden und daß ich selbst aus freier Wahl mein Verräter war - daß ihm Gott einmal gnädig sein werde, wie er jetzt mir es sein wird - bitten Sie für mich, alter Mann, und lassen Sie dann auf Ihren Bericht eine Träne fallen: Ich bin der Sonnenwirt.«

Lesarten und Erläuterungen

Lesarten

Unser Text folgt der in Band 16 der Weimarer Nationalausgabe (1954) abgedruckten Fassung, die ihrerseits auf den von Schiller ›selbst gesammelt[en] und verbessert[en]‹ »Kleinere[n] prosaische[n] Schriften« von 1792 beruht. Von den in der Nationalausgabe wiedergegebenen Lesarten sind hier nur die wesentlichen Abweichungen und Kürzungen gegenüber dem Erstdruck (1786 im zweiten Heft der »Thalia«) zitiert.

Der Titel lautete in der Thalia:

»Verbrecher aus Infamie [passiv gebraucht; H. B.]. Eine wahre Geschichte.«

Der 1792 weggelassene Anfang:

»Die Heilkunst und Diätetik, wenn Ärzte aufrichtig sein wollen, haben ihre besten Entdeckungen und heilsamsten Vorschriften vor Kranken- und Sterbebetten gesammelt. Leichenöffnungen, Hospitäler und Narrenhäuser haben das helleste Licht in der Phisiologie angezündet. Die Seelenlehre, die Moral, die gesetzgebende Gewalt sollten billig diesem Beispiel folgen, und ähnlicherweise aus Gefängnissen, Gerichtshöfen und Kriminalakten - den Sektionsberichten des Lasters - sich Belehrungen holen. In der ganzen Geschichte des Menschen ...«

Seite 11; Zeile 27:

Nach *beisammen fände*: », vielleicht mit besserem Grunde beisammen fände, als der Ritter [könnte der 1714-1784 lebende Johann Jacob Ritter, Arzneigelehrter, Anatom und Kräuterwissenschaftler, gemeint sein; H.B.] gehabt hat, den essbaren und giftigen Schwamm in *eine* Klasse zu werfen.«

Seite 13; Zeile 19:

Nach *finden*: »Wie manches Mädchen von feiner Erziehung würde seine Unschuld gerettet haben, wenn es früher gelernt hätte, seine gefallene Schwestern in den Häusern der Freude minder lieblos zu richten! Wie manche Familie, von einem elenden Hirngespinst politischer Ehre zu Grund gerichtet, würde noch blühen, wenn sie den Baugefangenen, der seine Verschwendungen zu büßen die Gassen säubert, um seine Lebensgeschichte hätte befragen wollen!«

Seite 14; Zeile 16:

Nach *darbot*: »Die Verachtung seiner Person hatte früh seinen Stolz verwundet, und zündete endlich einen schleichenden Unmut in seinem Herzen an, welcher nie mehr erloschen ist.«

Seite 18; Zeile 37:

Nach *vermutete*: »Man ließ mich Schandtaten büßen, die ich noch nicht begangen hatte; ich hatte noch schlechte Streiche bei dem Menschengeschlechte gut, weil ich im voraus dafür gelitten hatte. Meine Infamie war das niedergelegte Kapital, von dessen Zinsen ich noch lange Zeit schwelgen konnte.«

Seite 22; Zeile 11:

Nach *weiß*: », die mir Gottes Barmherzigkeit auf dem Rabensteine erlassen wird.«

Seite 24; Zeile 33:

Nach *Hase?*: »Soll ein Untertan des Fürsten für eine wilde Sau des Fürsten zum Geisel dienen?«

Seite 27; Zeile 24:

Statt H*** das ausgeschriebene Wort »Hure«.

Seite 28; Zeile 19:

Nach *Neid*: »und Argwohn, zwo scheußliche Harpyen [räuberische Seelenvögel der griechischen Sage - H. B.], wüteten im Herzen dieser verworfenen Bande.«

Erläuterungen

Seite 11; Zeile 22:

Linnäus: Carl von Linne (1707-78) stellte das nach ihm benannte System des Pflanzenreichs auf. Er beschäftigte sich auch mit der »Nemesis Divina«, der göttlichen Vergeltung. Dieses Manuskript tauchte aber erst im 19. Jahrhundert wieder auf und wurde erstmals vollständig 1968 (deutsch 1981) veröffentlicht.

Seite 11; Zeile 26:
Borgia: Cesare Borgia (geboren um 1475/76), der als rücksichtsloser Gewaltmensch bekannte Sohn von Papst Alexander VI. Cesare Borgia schreckte auch vor Morden in der eigenen Familie nicht zurück.
Seite 12; Zeile 28:
Usurpation: Widerrechtliche Machtergreifung; Ursurpator = Thronräuber.
Seite 13; Zeile35:
Leichenöffnung des Lasters: Bis in das 20. Jahrhundert hinein war es üblich, die Leichen von Hingerichteten, wie überhaupt von Verbrechern, der Anatomie - für die der Mediziner Schiller großes Interesse hatte - zur Verfügung zu stellen.
Seite 18; Zeile 9:
Galliotendienst: Von Galiote = kleine Galeere. Im 18. Jahrhundert wurden Sträflinge aus Süddeutschland nach Venedig und Genua zur Zwangsarbeit auf diesen Schiffen verkauft. Die Bezeichnung Galliotendienst wurde aber im übertragenen Sinne für die zwangsarbeitenden Festungsgefangenen überhaupt verwendet.
Seite 20; Zeile 37:
Exekution einer Kindermörderin: Schiller veröffentlichte in der »Anthologie auf das Jahr 1782« das Gedicht »Die Kindsmörderin«.. - Kindermörderinnen waren ein häufig behandeltes Thema der Literatur jener Zeit.
Seite 29; Zeile 11:
Siebenjähriger Krieg: Europäischer Krieg (1756-1763); eng verflochten mit dem englisch-französischen Krieg (1755-62) um die Vorherrschaft in Nordamerika.
Seite 30; Zeile 15:
Supplikant: demütiger Bittsteller.
Seite 31; Zeile 21:
Janhagel: sich vor der Tür herumtreibendes Volk; Pöbel.

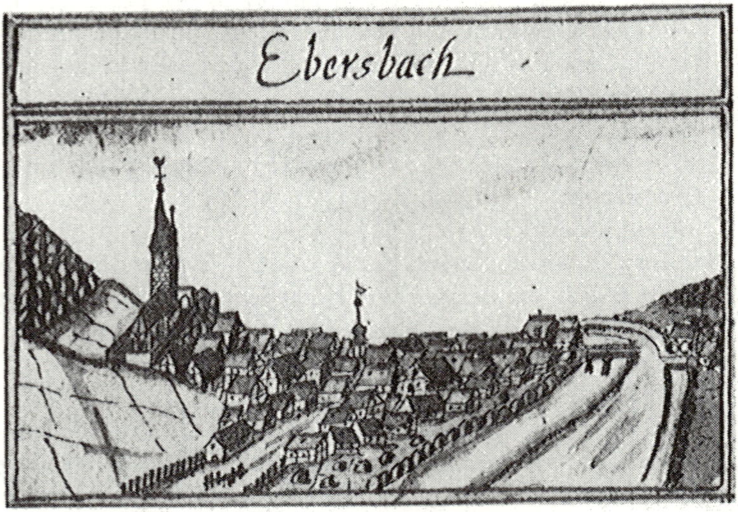

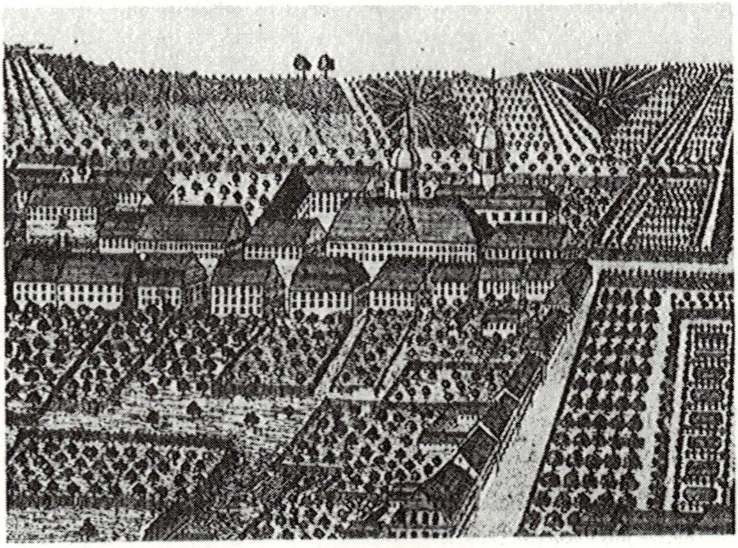

Das Zucht- und Arbeitshaus Ludwigsburg

Friedrich Schwahn
Ein tabellarisches Räuberleben

4. Juni 1729

In Ebersbach an der Fils geboren. Der Vater, Metzger und Sonnenwirt, ist einer der angesehensten und reichsten Bürger von Ebersbach.

1742

Tod der Mutter.

1743

Wiederheirat des Vaters (Stiefmutter).

23. Mai 1746

Friedrich Schwahn findet im elterlichen Schlafzimmer die sonst weggeschlossene Geldkassette. Er möchte etwas Geld entnehmen, beschädigt aber mit dem Messer die Kassette so erheblich, daß er sie, um nicht in Verdacht zu geraten, ganz zu sich nimmt. Die leere Kassette und die darin enthaltenen Papiere wirft er ins Waser und versteckt zunächst das Bargeld, immerhin 373 Gulden. Als er sich durch Geldausgaben verdächtig macht, reißt er aus und will unter die Soldaten. Von einem Vaganten ersteht er, naiv genug, Uniform und Pferd; bei einer Paßkontrolle (durch einen falschen Offizier) werden ihm gegen teures Geld falsche Papiere angedreht. Er kommt mehrmals nach Ebersbach zurück, reitet hoch zu Roß durchs Dorf, schießt in die Luft und führt Drohreden gegen einzelne Bürger. Bei einem solchen Ritt, er war gerade fünf Wochen ausgerissen, wird nach ihm geschossen.

Er wird am Knie verletzt und festgenommen. Von den 373 Gulden hat er nur noch 40. Wegen des Diebstahls der elterlichen Geldkassette (er selbst beruft sich auf sein bei Volljährigkeit zur Auszahlung fällig werdendes, nicht unbeträchtliches mütterli-

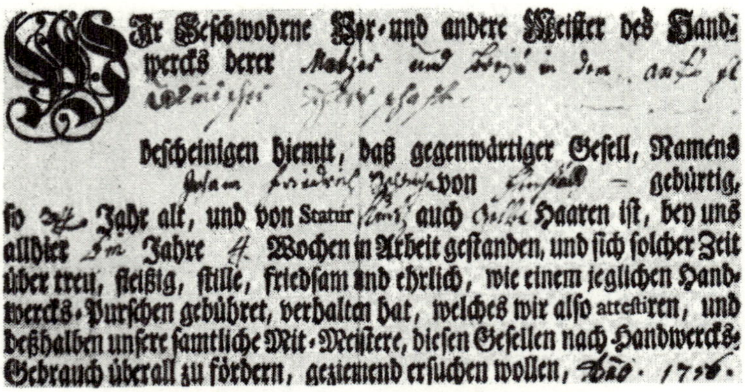

Wir Geschworne Vor- und andere Meister des Handwercks derer [illegible] bescheinigen hiemit, daß gegenwärtiger Gesell, Namens [illegible] von [illegible] gebürtig, so [illegible] Jahr alt, und von Statur [illegible], auch [illegible] Haaren ist, bey uns allhier [illegible] Jahre 4 Wochen in Arbeit gestanden, und sich solcher Zeit über treu, fleißig, stille, friedsam und ehrlich, wie einem jeglichen Handwercks-Purschen gebühret, verhalten hat, welches wir also attestiren, und deßhalben unsere samtliche Mit-Meistere, diesen Gesellen nach Handwercks-Gebrauch überall zu fördern, geziemend ersuchen wollen, [illegible]

Handwerksbrief für Friedrich Schwahn

ches Erbe) kommt er für sechs Monate in das Zucht- und Arbeitshaus Ludwigsburg.

1747-1749

Metzgerknecht bei seinem Vater.

10. März 1749

Verprügelt im Rausch den Ebersbacher Kreuzwirt, den er im Verdacht hat, ihn fälschlicherweise des Traubendiebstahls bezichtigt zu haben. Läßt sich vom Kreuzwirt beteuern, daß er ihn wegen der Prügelei nicht anzeige. Friedrich glaubt ihm aber nicht und prügelt in einem Wutanfall weiter auf ihn ein.

Deswegen erneut 6 Monate Zucht- und Arbeitshaus Ludwigsburg.

Ende 1749

Rückkehr zu den Eltern nach Ebersbach. Beginn des Verhältnisses mit Christina Müller, der Tochter eines verarmten Bauern.

Januar 1750

Friedrich soll auf Wunsch des Vaters für zwei Jahre als Hausknecht zu einem Onkel nach Sachsenhausen/Frankfurt. Der

Vater will so das unstandesgemäße Verhältnis zu Christina Müller unterbinden. Die Stelle beim Onkel ist aber bereits besetzt. Friedrich kommt schon Anfang Februar 1750 nach Ebersbach zurück.

28. April 1750

Christina Müller muß vor dem Kirchenkonvent (der geistlichen Dorfgerichtsbarkeit) bekennen, daß sie von Friedrich Schwahn schwanger ist. Da Friedrichs Vater nach wie vor die Heiratserlaubnis verweigert (nach damaligem Recht wurde man erst mit 25 Jahren volljährig; in Württemberg war aber gleichwohl 1744 der vom Kaiser Karl VII. für volljährig erklärte sechzehnjährige Karl Eugen regierender Herzog geworden), muß Friedrich - »dieser erzboshafte Kerl, der Nachts bei seiner Christine schläft« - an den Kirchenkonvent 40 Gulden Strafe zahlen.

30. November 1750

Geburt von Friedrichs Tochter Anna. Der Vater hält den Sonnenwirtle immer knapper. Dieser beginnt zu wildern.

Weihnachten 1750

Der Ebersbacher Amtmann schikaniert Friedrich grundlos. Er befiehlt ihm, ins Amtshaus zu folgen. Friedrich weigert sich und beschimpft den Amtmann als versoffenen Kerl. Es kommt zu einer Schlägerei, in deren Folge sowohl der Amtmann als auch Friedrich mit einer Geldstrafe vom vorgesetzten Vogt bestraft werden.

April 1751

Friedrich wird beim Wildern erwischt. An Ostern bekommt er Streit mit seinem Vater, in dessen Verlauf er das Messer zieht. Ein zufällig anwesender Wirtshausgast will die Streitenden trennen und wird dabei von Friedrich unabsichtlich, aber erheblich am Arm verletzt. Für all dies (zudem soll er mit zwei Brüdern von Christina Bienenkörbe gestohlen haben) wird er zu 1½ Jahren verurteilt.

19. Mai 1751

Friedrich wird in das Zuchthaus Ludwigsburg eingeliefert.

6. Juni 1751

Friedrich bricht zusammen mit drei anderen Sträflingen aus und läßt sich unter falschem Namen fürs Ausland als Soldat anwerben. Vom Soldatenleben angewidert, desertiert er aber nach wenigen Monaten. Er treibt sich in der Heimat herum, findet aber kaum noch Unterschlupf, da ein scharfer Erlaß des Herzogs dafür mit schwerer Strafe droht. Er richtet an den Herzog zwei Bittschriften, die unbeantwortet bleiben.

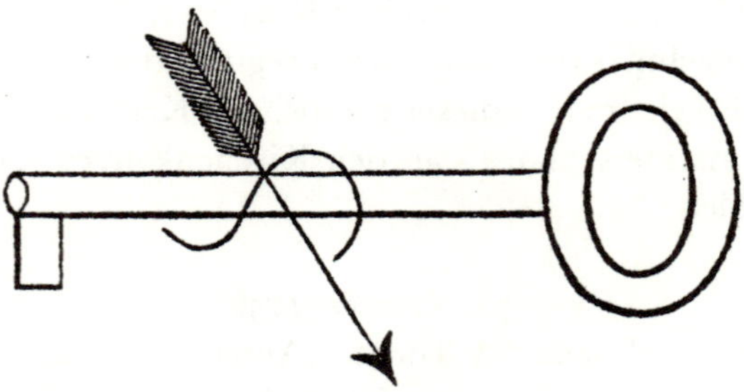

21. November 1751

Friedrich stellt sich freiwillig dem Ebersbacher Amtmann und wird wenige Tage später zur Verbüßung der Reststrafe im Zuchthaus Ludwigsburg eingeliefert. Der Zuchthausdirektor an den Göppinger Vogt: »Schwahn solle diesmal so verwahrt werden, daß er nicht mehr davon komme«.

14. September 1752

Erneuter Ausbruch. Er stellt sich aber bereits am 19. September wieder freiwillig beim Göppinger Vogt und rechtfertigt seinen Ausbruch mit ungerechten Schlägen und schlechtem Essen bei schwerer Arbeit.

21. April 1753

Die Strafe in Ludwigsburg ist abgesessen. Der Sonnenwirtle wird in die Heimat entlassen. Er will mit Christina nach Pennsylvanien auswandern und stellt ein entsprechendes Gesuch.

15. Juni 1753

Schwahn erhält die herzogliche Erlaubnis »cum sponsa« (mit Christina) auszuwandern, soll aber dauernd auf sein Heimat- und Bürgerrecht (wie durchaus üblich) verzichten. Friedrich will dies aber nicht und erfährt zudem von schon ausgewanderten Verwandten, daß Amerika wohl doch nicht das Paradies sei. Er erwägt die Auswanderung nach Ungarn. - Obwohl die bevorstehende Heirat mit Christina schon (wie es das Aufgebot vorschrieb) zweimal von der Kanzel ausgerufen wurde, findet die Trauung nicht statt, da Friedrichs Vater wegen des fehlenden Verzichts auf das Heimatrecht seine Zustimmung zurückzieht. Friedrich führt Drohreden: »Wenn ihn der Pfarrer nicht kopuliere, schieße er ihn noch von der Kanzel herunter.«

13. Juli 1753

Knechte des Sonnenwirts finden im Stroh einen vergoldeten Abendmahlskelch. Der Sonnenwirt zeigt den Fund dem Pfarrer an, bei dem eingebrochen worden war. Dem Sonnenwirtle wird als Rückfalltäter der ›peinliche Prozess‹ (auf Leben und Tod) gemacht. Erschwerend wird der Diebstahl sakraler Gegenstände gewertet. Die Anklage beantragt den Tod durch den Strang, die Verteidigung ein umfangreiches Gutachten der Juristenfakultät Tübingen, das eine 10jährige Zuchthausstrafe mit anschließender Landesverweisung für angemessen hält.

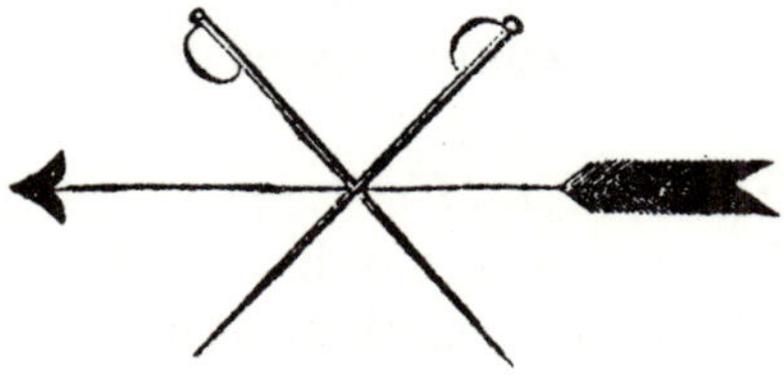

13. Dezember 1753

Das herzogliche Urteil lautet lebenslänglich: »Peinlich Beklagter soll um seines schweren Verbrechens und ganz incorrigiblen Lebensart auf die Tage seines Lebens auf die Vöstung Hohentwiel gebracht werden«.

Der Hohentwiel

26. Dezember 1753

Der Festungskommandant meldet die Einlieferung von Friedrich Schwahn.

Der Hohentwiel, eine württembergische Enklave bei Singen, galt bis 1800, als er durch Verrat an die Franzosen fiel, dank seiner Lage auf geradezu abenteuerlich hohen Felsen als uneinnehmbar. Er diente auch als Staatsgefängnis, u. a. für den Staatsrechtler Johann Jakob Moser (von 1759 an für 5 Jahre ohne Urteil/vgl. S. 112 f.) und den späteren Kerkermeister Schubarts, Philipp Friedrich Rieger (1762-64/vgl. S. 75), über den Schiller 1789 die Erzählung »Spiel des Schicksals« schrieb.

1. März 1754

Friedrich Schwahn macht aus dem durch seine topographische Lage geradezu idealtypisch ausbruchsicheren Gefängnis einen Fluchtversuch. Er bricht sich dabei ein Bein und bleibt liegen bis ihn die Wache findet. Er wird von nun an schärfer bewacht.

2. April 1754

Geburt des zweiten Kindes vom Sonnenwirtle: Johann Friedrich.

Christnacht 1755

Friedrich hat mit Komplizen zwei Jahre lang jeden erdenklichen Woll- und Schnurrest gesammelt, um daraus ein Seil zu machen. Mit einem gefundenen Nagel hat er in dreimonatiger Arbeit ein Loch in die Wand seiner Zelle gebrochen. In stockdunkler, stürmischer Nacht bricht er nun mit drei anderen Gefangenen aus. Einer der Ausbrecher stürzt ab und bleibt verletzt liegen. Die Flucht der anderen gelingt. Der Sonnenwirtle schlägt sich in die Heimat durch. Unterwegs entreißt er einem Burschen ein Schriftstück, das den Befehl zu seiner Festnahme enthält.

Er bittet über Dritte den Vater mehrmals vergeblich um Unterstützung. Nach unstetem, vogelfreiem Wanderleben findet er schließlich für ein ³/₄ Jahr bei seinem Onkel in Sachsenhausen Arbeit als Hausknecht, freilich ohne Lohn. Nachdem er sich bei Frankfurt in betrunkenem Zustand in eine Rauferei verwickeln läßt, muß er auch aus Sachsenhausen fliehen. Statt sich unter falschem Namen ins Ausland (bei der damaligen Kleinstaaterei oft kaum mehr als ein Katzensprung) abzusetzen, wendet er sich wieder nach Ebersbach, wo er, wie der Göppinger Vogt am 18. Oktober 1765 meldete, seine Eltern und die Bevölkerung in Angst und Schrecken versetze.

Auf seine Festnahme werden 20 Reichstaler Belohnung ausgesetzt. Zwei Soldaten täuschen ihm ihre Freundschaft vor und überwältigen ihn schließlich im Schlaf.

5. November 1756

Friedrich wird ins Göppinger Gefängnis eingeliefert, mit beiden Händen, einem eisernen Halsband und einem eigens für ihn gefertigten eisernen Hosenträger an die Wand gekettet und von zwei Wächtern ständig beaufsichtigt.

Er findet ein schadhaftes Kettenglied, zerkratzt es vollends mit einem Nagel und verklebt den Riß mit einer Mischung aus Staub und zerkautem Brot.

11. Dezember 1756

Er entspringt in der Nacht, noch mit den Ketten an den Knöcheln, als ein Wächter beim Stundenschreien und der andere eingenickt war. Durch das Loch für den Seizenbach entkommt er über die Stadtmauer.

Er geht nach Neckartenzlingen, wo Christina als Magd in Dienst ist. Er überredet oder vielmehr zwingt sie, sofort ihren Dienst aufzugeben und mit ihm außer Landes zu gehen. Doch schon am nächsten Tag verplappert er sich in angetrunkenem Zustand in einem Dettinger Wirtshaus. Das Paar wird von dreißig aufgebrachten Bürgern verfolgt, Christina schließlich gefangen genommen und ins Göppinger Gefängnis eingeliefert, wo man sie, obwohl gegen sie selbst nichts vorliegt, sozusagen als Köder für den Sonnenwirtle festhält.

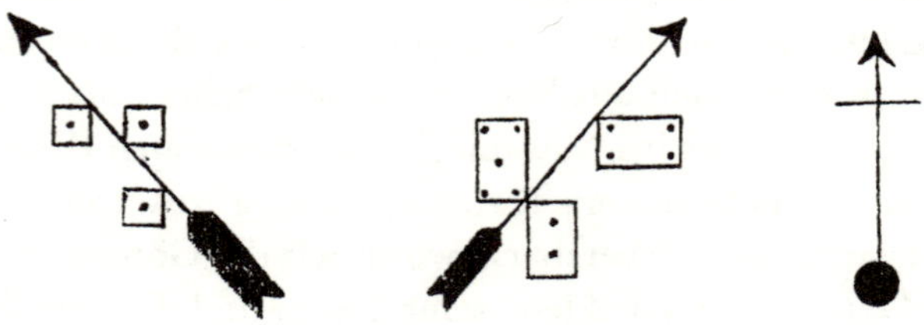

21. Dezember 1756

In einem Brief an den Vogt (»ehe ich mich wieder in Arrest begeben thue, so schieß und stich und hau ich tod was ich kan«) verlangt Friedrich Schwahn die Loslassung von Christina und die Aushändigung des auf ihn ausgesetzten Kopfgeldes an ihn selbst, da er sonst wieder zum Diebstahl genötigt sei. Mit dem Kopfgeld wolle er dann mit Christina außer Landes gehen.

26. Dezember 1756

Der Sonnenwirtle stiehlt beim Lammwirt Schurr in Ebersbach »80 Pfund Fleisch, 6 Laibe Brot und gegen 2 Imi [Eimer] Wein«.

2. Januar 1757

Der Sonnenwirtle bricht in Ebersbach beim Becherwirt ein und entwendet 70 Pfund Fleisch, 2 Laib Brot und etwas Wein.

9. Januar 1757

Der Sonnenwirtle kommt im Morgengrauen nach Ebersbach, zwingt den Nachtwächter, mit ihm ins Hechtswirtshaus zu gehen und dort mit ihm zu zechen. Er läßt durch den Nachtwächter Briefe an die Verwandtschaft bestellen und seinem Vater ausrichten, daß er die Zeche bezahlen soll.

Mitte Januar 1757

Christina Müller wird entlassen und trifft wieder mit Friedrich zusammen, der sie gegen Kostgeld auf verschiedenen Bauernhöfen unterbringt. Der Sonnenwirtle ernährt sich durch Wildern und Einbrüche, nun auch in der weiteren Umgebung von Ebersbach. In Rechberghausen hat er in Christian Kleesattel, genannt ›Krämerchristle‹, einen Hehler, der ihm auch das geschossene Wild - u. a. ans Kloster in Schwäbisch Gmünd - verkauft. Die Beute aus den Einbrüchen ist gering, obwohl er nur Wohlhabende, zumeist Wirte, Kaufleute und reiche Bauern, bestiehlt: eine Kugelbüchse, zwei Sägen, oder auch vier Hennen. Er arbeitet jetzt mit dem »Schwammenjackel«, einem berufsmäßigen Gauner, zusammen. Sie brechen beim Schwager des Sonnenwirtle ein und Friedrich stellt für die gestohlenen Gegenstände eine Quittung aus.

Die Obrigkeit erläßt dutzende von Erlassen zu seiner Festnahme. Er entwischt immer wieder im letzten Augenblick. Als ihn einmal einige Forstknechte bereits am Kittel haben, gelingt es ihm, unter Zurücklassung des Kittels zu entkommen. Wenig später stiehlt er auf offenem Feld einem Burschen dessen Kittel vom Leibe weg.

Frühjahr 1757

Im Wald von Wäschenbeuren trifft der Sonnenwirtle durch Zufall auf eine »Gaunerbande«, die, bis auf den »Schwammenjackel« (den er schon kannte), aus Mitgliedern der Familie Schettinger, wohl Zigeunern, besteht. Es handelt sich um den »Bettelmelcher«, dessen Schwestern Margarethe und Christine sowie um deren Mutter Eva Marie (zwanzig Verwandte dieser Eva Marie Schettinger hatten ihr Leben am Galgen oder Rad beendet). Diese Gruppe vermittelt ihm die Bekanntschaft mit dem Vagantenpfarrer Johann Balthaß Schülin in Tüngental, der zwar schon 1747 wegen »allerhand ärgerlichen Exzessen, namentlich auch Kopulierung von herumvagierenden Gaunern mit ihren Konkubinen« vom Pfarramt offiziell suspendiert war, aber durch Kompetenzstreitigkeiten der Stadt Hall mit dem benachbarten Stift Comburg weiterhin seines Amtes waltete. Dieser Pfarrer stellt für Friedrich Schwahn und Christina Müller endlich einen Trauschein, allerdings von zweifelhaftem Wert, aus.

Pfingsten 1757

Einbruch bei einem Wirt in Hessental. Von der Beute erhält auch Christina Müller, die nicht unmittelbar beteiligt ist, einen Anteil (4 silberne Löffel und ein Messerbesteck). Der Sonnenwirtle und Christina trennen sich von den übrigen und gehen nach Ebersbach, wo Christina - dem Sonnenwirtle gelingt wieder im letzten Moment die Flucht durch einen Sprung aus dem Fenster - verhaftet wird. (Nach sechsmonatiger Untersuchungshaft, sie bekommt währenddessen ihr drittes Kind, wird Christina Müller im Dezember 1757 zu einem Jahr Zuchthaus verurteilt).

Der Sonnenwirtle, der sich wohl schon bei der ersten Begegnung im Wald von Wäschenbeuren verliebt hatte, lebt nun mit Christine Schettinger, die als »schönes, glutäugiges« und »sinnliches« Mädchen geschildert wird, zusammen. Dieses Verhältnis hatte aber sicher auch wirtschaftliche Gründe. Christine Schettinger, wegen ihrer auffallend schwarzen Haare die »schwarze Christine« genannt, war eine äußerst geschickte Marktdiebin.

21. Juni 1757

Einbruch beim Schultheiß Stohrer in Börtlingen. Eine achtköpfige Bande überfällt unter Anführung des Sonnenwirts den 70jährigen Bürgermeister Hans Jerg Stohrer, dessen 69jährige Ehefrau Ursula und die dreißigjährige Magd Rosina Bidlingmayerin. Der Magd werden mit ihren abgeschnittenen Zöpfen

Gegenwärtige eigene höchst eilende *Staffetta* solle unverzüglich bey Tag und Nacht nacher Schwäbisch Gemünd geführt, und nirgends im geringsten aufgehalten, noch verabsaumt werden, massen so wohl Ihro Römisch-Kayserlichen Majestät unserm allergnädigsten Herrn, als auch allen Chur-Fürsten und Ständen des Heil. Römischen Reichs hoch und viel daran gelegen. Es sollen auch alle Post-Bediente den Tag und Stund des Empfangs und Abfertigung fleißig hierunter verzeichnen.

Eilpost in Sachen Schwahn

Hände und Füße gefesselt, dem Bürgermeister und seiner Frau, nachdem das vorgefundene Geld zu gering schien, das Gesicht blutig geschlagen. Um ein etwaiges Versteck preiszugeben, werden dem Bürgermeister und seiner Frau glühende Nadeln unter die Fingernägel gesteckt. Der Sonnenwirtle, der diese Grausamkeiten wohl nicht selbst beging, sondern sich mehr aufs Drohen verlegte, hat die dabei angewandten Martern (die bei seinen Überfällen eine Ausnahme blieben) gleichwohl später - aus Einschüchterungsgründen - sogar noch übertrieben.

Anfang Juli 1757

Der Sonnenwirtle schleicht sich wieder einmal nach Ebersbach und verlangt von seinen Eltern die Herausgabe von Nahrungsmitteln. Aus einem Hinterhalt wird auf ihn geschossen. Die Schützen sind der Ziegler Bach und Johannes Hohnecker, genannt der Fischerhannes. Die Kugel des Fischerhannes reißt dem Sonnenwirtle ein Loch in den Kittel, verletzt ihn aber nicht. Da diese beiden und ein Müllerknecht in letzter Zeit schon einmal nach ihm geschossen haben, stößt er die Drohung aus, daß der erste, den er von diesen dreien bei passender Gelegenheit erwische, sterben müsse.

15. Juli 1757

Mit »Expreßum« meldet der Ebersbacher Amtmann an das Vogtamt in Göppingen: »15. Juli 1757 morgens früh um 6 Uhr. Diesen Augenblick ist der Casus tragicus allhier geschehen, daß durch den Erzböswicht Friedrich Schwahn, Johannes Hohnecker, Fischer, als er im Kirnbach gemähet, dergestalten geschossen worden, daß man an dem Aufkommen des Mannes zweifelt. Euer Hochedelgeboren habe also ein solches gehorsamst berichten und zugleich bitten wollen, da die hiesigen chirurgis den Mann allhier zu übernehmen sich nicht getrauen, einen Incatum [Spezialisten] anhero zu beordern. Unter gehorsamst meiner Empfehlung mit aller Devotion verharrend Euer Hochedelgebohren gehorsamster Amtmann Liomin«.

Johannes Hohnecker, der trotz ärztlicher Hilfe am nächsten Tag starb, hinterließ vier Kinder (da seine Frau gestorben war: Vollwaisen). Er war Friedrich Schwahn eher zufällig vor die Flinte gekommen, als dieser beim Wildern war. Der Schuß fiel aus hundert Schritt Entfernung.

Die Fahndung nach Friedrich Schwahn wird intensiviert. Man erhöht das Kopfgeld. 100 Gulden bei lebender Gefangennahme; 50 Gulden für den toten Sonnenwirtle. Trotzdem bleiben alle Bemühungen ohne Erfolg. Die Leute schreiben ihm zunehmend übernatürliche Fähigkeiten und Kräfte zu und flüchten zumeist bei seinem bloßen Anblick. Als er einmal in einem Haus schon von Streifern umstellt ist, springt er aus einem Scheunenladen direkt neben einen bewaffneten Posten, der, völlig verdutzt, das Schießen vergißt.

Sommer 1757 bis Frühjahr 1758

Schwahn wird immer mehr zum berufsmäßigen Dieb und Einbrecher. Da es ihm in der Ebersbacher Gegend zu gefährlich wird, dehnt er mit Christine Schettinger seinen Wirkungskreis in die Ulmer, Aalener, Heilbronner Gegend und ins Badische aus. Sie erbeuten auf Märkten oder bei Einbrüchen vor allem Nahrungsmittel (z. B. in Reichenbach), Waren (Gingen a. Brenz), Kleider (z. B. in Nordheim bei Heilbronn) und gelegentlich auch Bargeld. In Lauchheim erbrechen sie den Opferstock in einer Judenschule und überfallen einen jüdischen Händler. Zwischen Urbach und Plüderhausen stiehlt Schwahn unbemerkt von einer fahrenden Kutsche einen Koffer. Im Herbst wird ihr Hehler, der ›Krämerchristle‹, verhaftet und zu vier Jahren Zuchthaus verurteilt. Christine Schettinger und Friedrich Schwahn überwintern auf einsamen Bauernhöfen.

Sachen, so gestohlen worden:

Schorndorff. In der heutigen Nacht zwischen 6. und 7. Uhr ist auf der ordinari Land-Strasse zwischen Urbach und Pliederhausen von einer Chaise 1. Coffre, welches mit guten Stricken aufgepackt gewesen, abgeschnitten- und räuberischer weise davon genommen worden; Das Coffre hat 2. Schlösser, oben in der Mitte ein Blech, welches mit etl. Nägeln versehen, darinnen weiß Zeug so mit rothem Faden M. Z. bezeichnet, wie auch Bücher befindlich, in welchen der Name M. F. Z. stehet. Die Löbl. Obrigkeiten werden dahero ersucht, wann von diesen bezeichneten Stücken etwas sollte zum Verkauff und Vorschein kommen, auf diesen Strassen-Raub unschwehr zu inquiriren, und davon Nachricht hiehero ertheilen zu lassen, sub offerto reciproci.
Den 8. Novemb. 1757. T. Vogt-Amt Schorndorff.

28. März 1758

Der Ebersbacher Amtmann an den Vogt in Göppingen: »Heute Nacht um 2 Uhr ist der Kasus tragicus Vorgefallen, daß der Fleckenschütz Joseph Betz Bey des Anwalds Ankhelens Hauß, welchem eingebrochen worden, erschoßen, und dadurch 4 unerzogene Kinder in den betrübten Wayßenstand gesetzt worden. Ich habe daher ein solches gehorsamst berichten und zugleich anzeigen wollen, daß auf Niemand anders, dann den Erzböswicht Friedrich Schwahn den Verdacht habe, weswegen auch sogleich in seiner Schwieger Haus und sonst visitieren laßen, Bis auf diese Stund aber keine Spuhr finden können. Uebrigens ist der Schütz noch ohneingewickelt und erwarte weitere ordre. Verharr unter gehorsamst meiner Empfehlung mit aller Veneration Euer Hochedelgebohren Gehorsamster Diener Amtmann Liomin«.

Friedrich Schwahn hatte den Einbruch zwar geplant und daran teilgenommen, den tödlichen Schuß auf den Fleckenschützen (einen amtsbekannten, übel beleumdeten Alkoholiker, der beim Nachhauseweg aus der Wirtschaft bewaffnet die Einbrecher störte) hatte aber nicht er, sondern ein sich bedroht glaubender Gauner namens »Kasperle« abgegeben.

Wieder einmal wird das Kopfgeld auf Friedrich Schwahn erhöht. Aus des Herzogs Fiscus werden 50 Gulden zugelegt. Wer ihn lebendig einfängt, erhält jetzt 150 Gulden; wer ihn dabei umbringt, die Hälfte. Trotzdem läßt sich der Sonnenwirtle mitunter sogar in Ebersbach sehen und schüchtert die Bürger mit Drohungen (zumeist mit Brandstiftung, eine immer wieder angewandte Drohung, die er aber nie verwirklichte) so gewaltig ein, daß der Amtmann, als er wieder einmal zu einer Streife auffordert, nach Göppingen meldet: »Die Bürger sind aber dem Läuten bis auf etliche nicht sogleich gefolget, das Herz der Bürger ist über den vielen Drohreden und traurigen Exempeln verzagt«.

Frühjahr 1758 bis Herbst 1759

Den Hauptgewinn aus den Diebstählen und Einbrüchen ziehen die Hehler, die sogar am Sonnenwirtle selbst, wie einmal in Dörzbach, zum Dieb werden. Der Sonnenwirtle beschließt deshalb, die gestohlenen Waren selbst zu vertreiben und reist mit falschen Pässen unter den Namen Johannes Klein und Sigmund Hermann als Krämer durch die Lande. Die Beute stammt hauptsächlich aus Marktdiebstählen in der Pfalz, in Baden und im nördlichen Württemberg. Sie werden von Christine Schettinger verübt, die die Waren unter ihrem dazu eigens zugeschneiderten Rock verschwinden läßt. Der Sonnenwirtle spielt dabei eine eher untergeordnete Rolle: die Händler ablenken oder das Diebesgut wegschaffen. Diese Marktdiebstähle sind einträglicher und zudem ungefährlicher, als die teils spektakulären Einbrüche, die er weiterhin in Gesellschaft anderer verübt. Denn es handelt sich dabei um oft bis zu dreißig Mann starke Banden, mit entsprechender Beuteteilung. Sie sind paramilitärisch organisiert, rekrutieren sich vornehmlich aus Angehörigen von seit Jahrhunderten verfolgten und diskriminierten Minderheiten (Vaganten, Zigeunern, Juden), sowie entlaufenen Soldaten.

Ständiger Anführer einer solchen Bande, die sich zu einzelnen Unternehmungen - oft von kleinen Dieben oder Bettlern »ausbaldowert« und meist, dabei die nahen Landesgrenzen nützend, weit vom Wohnort der Mitglieder ausgeführt - stets neu formierte, war der Sonnenwirtle nie, obwohl er, zu einzelnen Überfällen angeworben, dabei eine durchaus führende Rolle spielte. So arbeitete er, von den hauptsächlich jüdischen Mitgliedern »Kotterle« (d. h. der Kleine) genannt, einigemale mit der Bande des Mosche Löw - bürgerlich Moyes Levi - zusammen, die im Bayerischen bei Gunzenhausen ihren Sitz hatte. Ende Januar 1759 überfielen sie beispielsweise mit 18 Mann den reichen Bauern Riedel in Unterheimbach bei Heilbronn, dem sie, nachdem die Haustür mit einem Balken eingerannt und die Familie gefesselt war, Geld und Waren im Wert von 455 Gulden raubten. Unter mahnenden Worten des Leutnants Löw, einzeln nach Hause zu gehen, sich nicht zu betrinken und sich nicht durch Geldausgeben verdächtig zu machen, teilte man dann anschließend im Wald.

Von dieser, eher Gastspielen gleichenden Zusammenarbeit mit gutorganisierten Banden abgesehen - sie verfügten über eine in Jahrhunderten der Verfolgung gewachsene Subkultur -, bleibt der aus dem bürgerlichen Milieu abgerutschte Friedrich Schwahn, soweit möglich, ein Einzelgänger. Um seinen Hausierhandel, den er mit Christine Schettinger betreibt, möglichst unauffällig zu gestalten, legen sie sich zunächst eine Magd - die aus einer Bettlerfamilie stammende, geistig etwas unterbemittelte Katharina Schenkin - zu, später auch einen Knecht. Die Magd, die nicht selbst stehlen darf, da sie dazu zu dumm ist, muß beim Tragen der Waren behilflich sein und sich um das inzwischen geborene Kind der Christine Schettinger kümmern, das allerdings bald stirbt. Die Mutter ist so untröstlich, daß sie die Leiche in einem Pappkarton so lange mit sich trägt, bis der Verwesungsgeruch unerträglich wird.

Im Herbst 1759 kehrt diese Vierergruppe beim Löwenwirt im badischen Jehlingen ein. Die anderen Gäste schöpfen Verdacht. Sie alarmieren das ganze Dorf, das Wirtshaus wird umstellt und auf der Straße ein Schuß, wohl als Zeichen zum Sturm, abgegeben. Als die Männer in die Wirtschaft eindringen, gelingt es Schwahn, sich loszureißen. Er schlägt sich in ein Nebenzimmer durch, wird aber von einem Verfolger an den Haaren gepackt.

Friedrich Schwahn zieht nun eine Pistole aus seinem Rockfutter und schießt den Mann nieder. Mit vorgehaltener Pistole entkommt er, obwohl nach ihm geschossen wird. Christine Schettinger, die Magd Katharina Schenkin und der Knecht Andreas Stein werden verhaftet. Der Sonnenwirtle hat seinen zweiten Mord begangen.

Herbst 1759 bis Frühjahr 1760

Dies ist, wie der Sonnenwirtle später selbst sagt, die trübste Zeit seines Lebens. Christine Schettinger und die Magd sitzen in Stain (bei Pforzheim), der Knecht in Durlach. Viele seiner früheren Genossen sind nicht mehr am Leben, oder sitzen in den Gefängnissen von Rastatt, Durlach oder Karlsruhe. Seit Regierungsantritt des Markgrafen Karl Friedrich war Baden-Durlach zu einer Speerspitze obrigkeitlicher Verfolgung geworden. Wie später der als Malefizschenk bekannt gewordene Schenk von Castell, verfolgte Karl Friedrich nicht nur unnachsichtig die Vaganten und Gauner innerhalb seiner Landesgrenzen, sondern kaufte sogar den umliegenden Herrschaften Gefangene ab, die er hinrichten oder in seinen eigenen Gefängnissen sicher verwahren ließ. In Steinbach bei Baden-Baden kommt es deshalb zu einer nächtlichen Gaunerversammlung, bei der ein Leutnant der linksrheinischen Zigeuner, »Mockel«, vorschlägt, überall in Baden-Durlach Brandstiftungen zu begehen, um so dem Markgrafen ein Exempel zu statuieren. Friedrich Schwahn ist in der Versammlung der einzige Gegenredner, und auf seinen Einwand hin, daß unter einer solchen Rachetat nur die schon einsitzenden Gefangenen zu leiden hätten, wird der Vorschlag abgelehnt.

Der Sonnenwirtle, der sich nicht entschließen kann, die einsitzende Christine Schettinger ihrem Schicksal zu überlassen und in den Wirren des Siebenjährigen Krieges unterzutauchen, zerbricht in diesem Winter 1759/60 moralisch und körperlich. Er leidet, wie er später selbst sagt, unsäglich unter Hunger und Kälte. Er faßt den merkwürdig naiv anmutenden Plan, sich in Mergentheim, also auf neutralem Gebiet, seinem (württembergischen) Herzog Karl Eugen vor die Füße zu werfen und um

Gnade zu bitten. Der Plan scheitert, da der Herzog einen anderen Weg nimmt. Schließlich schreibt er an den durlachischen Beamten in Stain - wo Christine sitzt - er wolle an einer großen Zahl Gauner zum Verräter werden, wenn man ihm Gnade verspreche. Die ausbleibende Antwort erspart ihm zunächst die Konsequenz dieses verzweifelten Angebots.

6. März 1760

Friedrich Schwahn hatte sich in Stain über Dritte nach dem Befinden von Christine Schettinger erkundigt und ist wieder einmal auf dem Weg nach Mergentheim, das im Gebiet des Deutschherrenordens liegt und wo er sich relativ sicher fühlen kann, da dort nicht intensiv gefahndet wird (was wiederum die Gauner veranlaßt, ihre Tätigkeiten in diesen ihnen günstigeren Gegenden, die sie als Ruhezonen nutzten, äußerst zu reduzieren). Sein Begleiter, ein württembergischer Deserteur, hat ein gestohlenes Pferd bei sich. An der württembergischen Grenze angekommen, trennen sie sich, da sich der Deserteur nicht über württembergisches Gebiet traut. Sie verabreden einen Treffpunkt in Heilbronn, und der Sonnenwirtle übernimmt das Pferd. Am Nachmittag des 6. März sieht der Sonnenwirtle von einem Höhenzug aus ein Dorf, das er für Enzweihingen hält. Gegen fünf Uhr reitet er vor dem Stadttor vor. Er merkt jetzt, daß er in Vaihingen an der Enz ist und ist irritiert. Der Torwart Freppe fordert seine Papiere. Es handelt sich um Pässe, die in Straßburg und Komburg ausgestellt sind und, das müßte der Sonnenwirtle wissen, keinen Argwohn erwecken können, da sie, wie auch immer erschlichen, echt sind. Offenbar kann aber der Torwart die Straßburger Pässe nicht lesen und fordert deshalb den Sonnenwirtle auf, ihm aufs Oberamt zu folgen. Friedrich Schwahn ist so ersichtlich durcheinander, daß dies dem Oberamtmann Abel - dem außerdem das Pferd, das eher ein Ackergaul ist, nicht zu dem Reiter zu passen scheint - sofort auffällt. Er bittet den Fremden abzusitzen und in die Kanzlei zu folgen. In Panik reißt nun der Sonnenwirtle sein Pferd herum und will durch das andere Stadttor fliehen. Ein Schreiber vom Oberamt nimmt zu Fuß eine Abkürzung und läßt das Tor verriegeln.

Vaihingen
Stich aus dem 18. Jahrhundert

Schwahn versucht nun zu Fuß in eine Seitengasse zu entkommen. Als sich ihm der Schlosser Matthäus Brecht in den Weg stellt, versucht er seine Pistolen zu ziehen. Die eine verhakt sich im Rockfutter, bei der anderen vergißt er in der Aufregung, den Hahn zu spannen. Inzwischen ist er schon von mehreren Bürgern umringt, die ihn schließlich überwältigen. Er stellt sich betrunken und droht, als man ihn fesselt und über Nacht ins Gefängnis sperrt, sich am nächsten Tag über die Behandlung zu beschweren. Er weiß, daß seine Papiere in Ordnung sind.

7. März 1760

Als der Oberamtmann Abel mit freundlichen und gütigen Worten auf ihn eindredet, gesteht der Sonnenwirtle schließlich unter Tränen seine Identität.

11. März 1760

Der Sonnenwirtle sitzt im Vaihinger Haspelturm. An den Oberamtmann Abel wird ein Brief mit detaillierten Anweisungen geschrieben:

»Von Gottes Gnaden, Karl, Hertzog zu Würtemberg und Teck, Graf zu Mömpelgard, Herr zu Heydenheim und Justingen etc. Ritter des goldenen Vließes, und des Löbl. Schwäbischen Creyses General-Feld-Marschall, etc.

Unseren Gruß zuvor, Lieber Getreuer! Wir haben uns und

Deinem unterm 7, curr. [des laufenden Monats] erstatteten u. Bericht, auf was art der bekannte Friedrich Schwan, vulgo Sonnenwirthlen von Eberspach Göppinger Amts in Verhaft genommen worden, das mehrere gefl. [geflissentlich] referieren lassen. Nun gereichet uns zwar zu gdgsten [gnädigstem] Wohlgefallen, daß Du wegen des verhaften sicherer Verwahrung bereits die nöthigsten Anstalten vorgekehret. Da aber an dessen ganz sicherer Beybehaltung der securitati publicee [öffentlichen Sicherheit] so gar vieler gelegen, und dieser Bößwicht bereits ehedem zu Göppingen, wo er auf die von Dir veranstaltete nehmliche Art im Gefängnis aufbehalten worden, sich dennoch aus seinen Banden loszumachen und zu echapieren [entkommen] gewust; So hast Du ihn neben der bereits veranstalteten Verwahrung anoch mit einer Wache dergestalten zu versehen, daß beständig eine Wache von Zehen (10) tüchtigen und ohnerschrockenen Mann, mit scharf geladenem Gewehr nebst einem tauglichen Unter-Officier an dem Ort des Gefängnisses gehalten, Zwey davon bey dem Inquisiten in das Gefängnüs und Zwey vor dessen beschloßener Tür gestellt, ihnen alles Gespräch mit dem Verhaften verbotten, solche von Stund zu Stund abgelöset, alle halben Stunde aber durch den Unterofficier die Visitation bey dem Delinquenten sorgfälltig vorgenommen und niemanden der Zuwandel zu ihm, unter keinerley Vorwand gestattet werden möge. Wie Du dann auch die Ordre dahin zu geben hast,

Der Vaihinger Haspelturm

wann etwa von außen her seine Befreyung tentiret [beabsichtigt] werden sollte, sogleich von der haltenden Wache durch schießen die Losung gegeben, die Bürgerschaft aber erinnert werden möge, auf dieses oder ein anderes Lermen-Zeichen so gleich dem Gefängnis zuzueilen und das ihm sodann befehlende alsgleich zu befolgen....«.

Es folgen in dem von einem F.W. Frommann und M. Trost unterzeichneten Schreiben noch genaue Hinweise auf beiliegende und noch anzufordernde Akten, den weiteren Verlauf der Untersuchung - der Inquisition - betreffend. Außerdem wird mitgeteilt, daß Christina Müller, die erste »Concubine« des Sonnenwirtle, ebenfalls verhaftet werden solle. - Was dann auch geschah. Sie wurde, ebenso wie Christine Schettinger, die Magd und der Knecht, die aus den badischen Gefängnissen überstellt wurden, in Vaihingen eingeliefert.

Zu den vom Herzog befohlenen Haftbedingungen fügt der Oberamtmann noch eigene Vorsichtsmaßregeln hinzu. Zwischen den Händen und Füßen von Friedrich Schwahn wird jeweils eine Eisenstange von einer halben Elle angebracht, so daß er seine Glieder nicht gegenseitig berühren kann. Das Essen darf er nur im Beisein des Unteroffiziers einnehmen. Auch ist ihm dafür nur ein hölzerner Löffel gestattet.

März bis Juli 1760

Vaihingen an der Enz steht ganz im Zeichen des Prozesses gegen Friedrich Schwahn und Komplizen. Da ständig zehn Bürger zur Bewachung abkommandiert sind, kommt so ziemlich der ganze Ort mit ihm in Berührung. Große Aufregung entsteht, als am 22. Mai Andreas Stein, der Knecht des Sonnenwirtle, ausbricht. Völlig auf Friedrich Schwahn fixiert, hatte man ihn wohl nicht so recht ernstgenommen. Der Oberamtmann meldet an den Herzog, daß er über diesen Vorfall nachts oft kein Auge mehr zutue und deshalb andren Tages die Arbeit nicht so rasch vonstatten gehe. Und Arbeit gibt es mehr als genug. Ein weitverzweigter Schriftwechsel mit allen möglichen Behörden und Gerichten Süddeutschlands ist zu führen. Eilboten jagen hin und her. Das Untersuchungsprotokoll über die Vernehmung

Schwahns und der drei mitangeklagten Frauen enthält 806 Fragen und Antworten. Sobald der Oberamtmann ungeduldig wird und den Sonnenwirtle anfährt, verweigert dieser jede Auskunft. Ist er freundlich und geduldig, so redet er wie ein Buch, gesteht weit mehr, als man von ihm nach Lage der Akten wissen kann. Er ist von einem wahren Reinigungsfeuer besessen und verrät auch seine Tatgenossen. Als er von seinem Gefängnis aus potentielle Marktdiebe beobachtet, erstattet er Meldung. Die Frauen verhalten sich anders. Christina Müller und Katharina Schenkin gestehen zwar, aber zögernd und nur wenn ihnen nichts mehr anderes übrig bleibt. Christine Schettinger leugnet zunächst einmal alles. Bei einer Gegenüberstellung behauptet sie sogar, den Sonnenwirtle nicht zu kennen. In der Haft wird ihr zweites Kind geboren, das man ihr nach sechs Wochen wegnimmt. Sie schreit daraufhin tagelang wie irrsinnig, kratzt mit den Fingernägeln den Boden ihrer Zelle auf und ist zwei Wochen vernehmungsunfähig.

Den sicheren Tod vor Augen, verlangt der Sonnenwirtle nach Papier und Bleistift. Er will reinen Tisch machen, gründlich und schonungslos. Ein Sünder, der auf dem Schafott alle seine Sünden bereut und dem sie formal vergeben werden, geht, so will es die religiöse Vorstellung seiner Zeit, gewissermaßen im Stand der Unschuld dem Himmel zu. Die Geschichte vom Schächer am Kreuz. Was auch immer die Motive für seine nun folgende Schreibwut sind, es ist kein Denunziantentum im üblich-üblen Sinn. Der gefallene Bürgersohn ist im Gefängnis von Vaihingen sozusagen wieder zu Hause angekommen - ein Bekehrter, der mit der ganzen Scene aufräumt und die Hintermänner nennt.

»Es treiben mich die Bewegungen meines Hertzens,« - so beginnen seine 88 Folioseiten umfassenden Aufzeichnungen - »alles das von rauber und Dieb zu offenbaren und wie und auf weß Arth und Weiß ein mancher zum Stehlen und bösem Leben angetrieben und fortgepflantzt wird.« Und er schließt sie mit den Worten: »Ich könnte nicht ruhig sterben, wenn ich die Hehler nicht angegeben hätte, denn sie sind ärger wie die Räuber. Nie kann man den Räubern beikommen, wenn man nicht die beiseite schafft, wo sie ihre Schlupfwinkel haben. Die Räuber henkt man, die Diebe [damit meint er wohl die Hehler] sind noch da, ihnen ist es gleich, wenn nur wieder andere kommen, mit denen sie ihr Geschäft machen. [...] Wenn bei jemand ein kleines Fünklein zum Stehlen vorhanden ist, wie es bei mir der Fall war, so muß es in diesen Häusern zur großen Flamme entfacht werden. Wo wir hinkamen, hat es geheißen, ich brauche das und das, ich brauche ein Tüchle, ich Fleisch, ich Kattun oder Schuhe u.s.w., verschaffet mirs! Alle Hehler können jenisch. Ganze Winter liegen oft die Jauner in solchen Häusern. Solange die Hehler da sind, hört das Räuberwesen nicht auf, da dieselben noch zu Räubereien aufmuntern und oft eine Gelegenheit zum Diebstahl verraten. Sie sind ärger als die Räuber, sie gehören gehenkt.«

Was er dazwischen auspackt, enthüllt einen wahren Abgrund krimineller Verästelung. Die Gerichte sind noch sechs Jahre später mit entsprechenden Untersuchungen beschäftigt. Ein kurzer Auszug: »In Ettlingen-Weyer ist der Schultheiß ein guter Mann gegen die Dieb und Rauber wie auch seine Frau. Die Familie meiner Frau [gemeint ist Christine Schettinger] verkehrte 30 Jahre dort. Der Schultheiß ließ sich auch Präsente geben. Jeder Dieb, er sei noch so groß, ist dort sicher. Der diesem Schultheißen untergebene Schütz mit seiner Familie haben mir auch manches Gestohlene abgekauft. Der Draischhof im Durlachischen ist ein Aufenthalt der Spitzbuben, wie in der halben Welt keiner mehr zu finden ist. Dort wird einem alles abgekauft, ebenso von den Kenspacher Juden. In Krautter, Amts Moosbach, ist ein Aufenthalt der Rauber bei einem Mann namens Reutter, des Schultheißen Schwager. Reutter gibt sich für einen frommen Mann aus, geht viel in die Kirche und auf Wallfahrten, ist aber ein Erzspitzbube. Auch der Schultheiß ist an der Hehlerei beteiligt«. Und so fort.

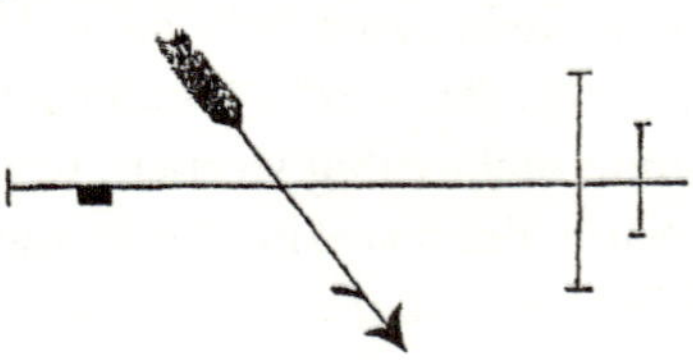

21. Juli 1760

Das an diesem Tag in Stuttgart gefällte Urteil im Wortlaut: »Wir haben uns aus Deinem von Zeit zu Zeit erstatteten Untertänigsten Berichte, und dem mit eingeschickten Protokollo auch übrigen Akten in mehreren gef. [geflissentlich] referieren lassen, was wieder den bey Dir in Verhaft gekommenen Erzböswicht Johann Friedrich Schwahnen von Eberspach, Göppinger Oberamts, und dessen Mitverhafte respec. zwey Concubinen Christine Müllerin und Christine Schettingerin auch dessen Magd Katharina Schenkin bey gepflogener und von Dir zu Unserem gdgstn. Wohlgefallen mit vielem Fleiß geführten Inquisition vor beschwehrliche und grobe Facta eruiert und von solchen eingestanden worden. Gleichwie nun diese bey dem Schwahnen darinnen, daß er zwey vorsätzliche Mordthaten begangen, 5 bis 6 homicidia andernwärts attentiret [Mord- bzw. Totschlagsversuche], 15 gar beträchtliche gewaltsame und mit den aggravantesten [erschwerendsten] Umständen verknüpfte Einbrüche nebst sehr vielen andern auf eine nahmhafte Summe ansteigender geringer Diebstähle sowohl auf Jahrmärkten, als sonsten ausgeübet, viele Leuthe um das ihrige gebracht, die gemeine Sicherheit durch seine vermessene und frevelhafte Aufführung und auch sonst beständig mit sich geführte mörderische Instrumenten weit und breit gestöhret, viele Wyldereien begangen, mit zwei Weibsleuthen in concubinatu [Beischlafsverhältnis ohne Trauschein] gelebet, des crimis blasphemiae [Gotteslästerung] zu etlichen mahlen sich schuldig gemacht und überdies viele Jahre hindurch mit den verruchtesten Jaunern eine dem Publico höchst schädliche Gemeinschaft gepflogen hat,

bey denen andern Mitverhaften aber darinnen bestehen, daß sie dem Schwahnen in solch seinen Exzessen nicht allein hülfliche Hand geleistet, sondern auch vor sich [für sich selber], der an ihnen von Zeit zu Zeit vorgenommenen ernstl. Correctionen ohngeachtet, viele und zum Theil sehr beträchtliche Diebstähle ausgeführet, andere Falsa [Verfehlungen] begangen, die abgeschworene Urphede gebrochen, mit dem Schwahnen in beständiger Unzucht gelebt und mit solchen und anderen Jaunern eine langwährige genaue Bekanntschaft unterhalten haben: Also haben wir bei dieser Menge von abscheulichen Missethaten und Verbrechen uns gerechtest bewogen gesehen, wieder diese der menschlichen Gesellschaft so schädlich gewesenen erzschlimme Inquisiten die wohlverdiente Strafe dahin zu verhängen, daß

1. Johann Friedrich Schwahn auf einer Schleife zum Richtplatz gebracht, von dem Zwicken mit glühenden Zangen abstrahieret, daselbst ohne Gnadenstoß von unten hinauf gerädert, dessen Leichnam alsdann auf ein Rad geflochten und sein Kopf auf einen Spieß gesteckt,

2. Christina Müllerin, wann sie vorher der ganzen Urtelsvollstreckung jedoch ohne von dem Scharfrichter oder dessen Buben berührt zu werden, zugesehen, auf 4 Jahr lang in Unser frstl. [fürstliches] Zucht- und Arbeits-Hauß zu Ludwigsburg, wohin ihrer Annahme halber bereits die nöthige Verfügung erlassen worden, eingeliefert,

3. Christina Schettingerin und Katharina Schenkin hingegen mit dem Strang vom Leben zum Tod gebracht, dessen Vollzug aber mit der Schenkin zuerst vorgenommen, sodann mit der Schettingerin fortgefahren, endlich an dem Schwahnen, wann er diesen beeden Executionen zugesehen, auf vorgesagte Art und Weise vollzogen werden solle. Und ist demnach Unser Befehl an Dich, Du sollest vorbemeldete Strafen an sämtl- Inquisiten Unserer gdgst. Intention gemäß exequiren [ausführlich ausführen], die Execution selbsten aber möglichst beschleunigen und sonsten den Bedacht nehmen, daß sämtliche Inquisite durch fleißigen Besuch der Geistlichen zu ihrem Tod wohl präparirt werden mögen. Wo wir übrigens uns zu Dir versehen, Du werdest so vor, als nach der Execution solche Anstalten vorkehren, daß weder der Schwahn noch seine Mitschuldigen sich durch die Flucht ihrer wohlverdienten Strafe entziehen können. Was schließlichen den von der Schettingerin exconcubinatu [außerehelich] mit dem Schwahnen erzeugten Partum [das in der Haft geborene: Kind] betr., so hast Du daran zu seyn, daß solchem, solange bis es das zur reception [Aufnahme] in das Zuchthaus erforderliche Alter von 9 Jahr erreicht haben wird,

sein einstweiliger Unterhalt aus Deiner Amts-Caßa, von der Commun [Gemeinde] und denen piis corporibus [zur Wohltätigkeit verpflichteten Körperschaften] zu gleichen Theilen abgeraicht werde.

Stuttgart, den 21. Julii 1760. Ex speciali Resolutione.«

Die letzten Tage

In Vikar Wilhelm Aurelius Krippendorf, der ihn seit dem 13. Juli hauptsächlich betreut, hat Friedrich Schwahn einen verständnisvollen und humanen Seelsorger, dem er sich nicht nur anvertrauen, sondern mit dem er auch diskutieren kann. Die scharfsinnige Argumentation Schwahns beeindruckt Krippendorf so, daß er wenige Tage nach der Hinrichtung ausführliche - und durchaus glaubwürdige - Erinnerungsprotokolle niederschreibt. So zitiert er Schwahn, der sich nach längerem Ringen »recht freuete, daß er durch seinen Tod außer Stand gesetzt würde, Gott ferner zu beleydigen«, über dessen Einschätzung seines Lebenslaufes:

»Warum hat man mir sie [seine erste Freundin Christina Müller] nicht gelassen? Man wußte ja, daß auf meiner Seite Mittel [Geld] da waren, wenn gleich nicht auf der Ihrigen? Man wußte ja, daß ich Verstand hatte, ihr Wirthschaftliche Geschäfte anzugeben, daß sie Hände hatte, dasjenige damit zu verrichten, was ich ihr befohlen hätte. Ich wollte einer der geeignetsten Männer in Ebersbach geworden seyn. Schließen sie selbsten. Habe ich Verstand zum Sündigen gehabt, so würde ich ihn auch gehabt haben, etwas besseres zu thun. Ich würde die Leute weniger betrogen haben, als andere. Ich würde besonders der Armen immerdar geschont, und ihnen ihre Arbeit jedesmahlen wohl bezalet haben. Das Schreyen der Arbeiter würde nicht wider mich zu Gott aufgestiegen seyn. Aber man hat nicht gewollt. Und warum hat man nicht gewollt? Meine Stiefmutter nahm das Hertz meines Vatters ein, der Pfarrer selbsten, ist das auch recht? Helft ihr dazu? Andere Leute zwingt man, ein Mägdlein zu nehmen, mit welchen sie zu thun gehabt haben. Mich hat man zwingen wollen, nachdem ich eine Sünde oft wiederholet, sie dennoch zu verlassen. Daher ist der Ursprung meiner und Ihrer Sünden abzuleiten. [...]« Er prieß die göttliche Gerechtigkeit, die sich an ihm rechtfertige, und doch vermuthete er dabey, daß unter seiner Bande niemand [in anderem Zusammenhang vermutete er, daß während seiner Exekution manche Sackuhr gestohlen werde] dadurch werde abgehalten werden, fortzufahren. Es ist gut drückte er sich aus, daß ich empfange, was ich mit meinen Thaten verdient habe. Es ist mir lieb um dererjenigen willen, die noch nicht diese elende Lebensart erwählet haben. Diese lassen sich vielleicht abschröcken. Aber das ist ein vergeblicher Gedanke, wenn man sich einbildet, daß andere, die schon unter der Bande [damit meint er die Gauner allgemein] sind, würden erwogen werden, umzukehren. Man stellt sich einen Tod dieser Art im Voraus vor. Ja wir brachten einander Gesundheiten zu: auf einen glatten Tod! - so nannten wir das Rad - auf den Galgen! usw. Ich selbsten, fuhr er fort, vermied eben um deßwillen alle executionen, bey welchen sonst die Spitzbuben häufig gegenwärtig sind, nur damit ich nicht möchte feig und verzagt werden. Jedoch bin ich unter manchem Galgen niedergekniet, und habe Gott gebetten, mich von dieser Lebensart zu befreyen. Mein Gebett mußte freylich ohne Frucht seyn, weil ich bald nach demselbigen anfing, auf neue Beute zu gedenken.« Er dachte sehr fleißig daran, wie einige Wiedererstattung möchte möglich seyn. Er hat auch würklich in diesem Stücke so viel gethan, als ihm zu thun möglich war. Er suchte nach seinem Vermögen so viel Böses zu verhindern, als er nur konnte, nahm sich aber hierbei sehr in Acht, niemand mit einer Unwahrheit, ja nicht einmal mit einer Muthmaßung zu nahe zu tretten. Ich will, sprach er, lieber zu wenig, als zu viel sagen. Gott waiß, fuhr er fort, daß nicht der geringste Groll darunter verborgen liegt, wann ich jemand entdeckte. Ich habe im Gegentheil viele von meinen Freunden, manche, denen ich sehr viele Verbindlichkeiten habe, die aus ihren Betten aufgestanden sind, um mich darinnen liegen zu lassen, nur um das Böse zu verhindern, verrathen. Ich gestehe es, daß mir dieses selbsten sehr wehe tat. Aber wann ich gedenke, daß dadurch ihre Kinder abgehalten werden, dem bösen Exempel ihrer Eltern zu folgen, daß dadurch manche Leute weniger mit der Todesfurcht abgeängstiget, daß so viele unschuldige gerettet, daß durch meine Angebungen manches Kind im Mutterleibe werde erhalten werden, so bin ich überzeugt, daß ich hieran recht gethan habe«.

29. Juli 1760

Am Vorabend der Hinrichtung bittet Friedrich Schwahn den Vikar Krippendorf um einen letzten Gefallen. Er macht sich Sorgen um sein Kind, das, wie es im Urteil steht, mit neun Jahren in das Zucht- und Arbeitshaus eingeliefert werden wird. Er bittet den Vikar sich dafür zu verwenden, daß seine letzten Habseligkeiten, ein vom Vikar zum Geschenk erhaltenes Korallennuster und sein Hemd, verkauft, das Geld daraus angelegt und dem Kind an seinem 15. Geburtstag übergeben werde. Es solle dann ein Kleid davon haben und zu seines Vaters Angedenken tragen: »Wann es nichts, gar nichts hat, so kann es leicht unter die Spitzbuben gerathen«.

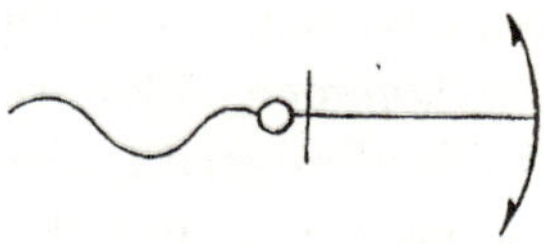

30. Juli 1760

Der Vikar Krippendorf erinnert sich: »Morgens früh um fünf Uhr kam ich hin. Ich traf ihn im Gebett an. Er sah frisch und munter aus. Dennoch hielt er sich selbsten vor verstehrt [für verstört]. Damahlen fehlte ihm seine vorherige Freudigkeit, jedoch konnte man nicht die geringste Spuhr von irgend einer Furcht oder Weichhertzigkeit wahrnehmen. Ich fiel mit ihm auf die Knie. Er bettete mit sehr großem Ernst nach und ward ruhig. Als er noch so kniend da lag, und sich eben aufrichten wollte, sah er zum Fenster hinaus. Es war eine sehr große Menge Volkes vor der Thüre. Er lächelte und sagte, am jüngsten Tage würden weit mehrere zu sehen seyn, wann doch nur diese alle sich an ihm spiegeln und lernen möchten, sich vor Sünden zu hüten. Nicht wahr, fuhr er fort, dorten werde ich ein besseres Urtheil hören?«

Das Urteil wird öffentlich verlesen. Christine Schettinger hat einen Schwächeanfall. Friedrich Schwahn richtet sie auf. Als man ihm das Henkersmahl anbietet, verzichtet er und will lieber noch einmal mit Christine Schettinger sprechen. Man erlaubt es ihm. Er versucht ihr Mut zu machen und versichert ihr, daß sie beide in den Himmel kämen. Man bringt ihnen ihr Kind, mit dem sie spielen. Er trinkt ein halbes Glas Wein und fordert Christine auf, mitzutrinken: »Siehe, ich habe auch davon getrunken, trinke doch, trinke doch ein wenig noch zu guter Letzt auf dieser Welt, thue es mir zu Gefallen, Schätzlein, sey getrost, es geht ja dem Himmel zu. Fasse dich doch.« Hie und da grüßend (»Bey des Bürgermeisters Hüblers Hauß« - so Krippendorf wörtlich »rief er hinauf: Ich danke dem Herrn Bürgermeister gehorsam vor alle erwiesene Wohlthaten.«), schleift man ihn, wohl in einer Kuhhaut, zur Richtstätte. Seine nächsten Angehörigen, die er gerne noch gesehen hätte, waren nicht gekommen. Der Vater fühlt sich für die Reise von Ebersbach nach Vaihingen zu kränklich, er schickt den Schwager, der es aber, Gerede fürchtend, vorzieht, in Stuttgart wieder umzukehren. Beim Galgen angekommen, läßt er sich ganz nahe hinführen und schreit den beiden Frauen mit allen Kräften Mut zu. Als die Magd hängt, sagt er: »O, du gute Katharina nun hast du überwunden, nun bist du seelig.« Bei Christine Schettinger scheint die Hinrichtung nicht so widerstandslos vor sich zu gehen, obwohl ihr Friedrich Schwahn in glühenden Worten religiösen Trost zuruft. Als sie endlich tot ist, beginnt er, um ihre Seeligkeit zu jammern und meint, daß sie besser gestorben wäre, wenn man ihn schon früher hätte mit ihr reden lassen. Als die Reihe an ihm ist, hat er sich gefaßt und treibt selbst zur Eile an. Nach einem letzten Gebet steigt er mutig aufs Gerüst. Seine letzten Worte sind: »Herr Jesu, in deine Hände befehl ich meinen Geist«.

»Und so« - schließt Vikar Krippendorf seine Aufzeichnungen - »starb Schwahn (eine Verstellung konnte sein ganzes Bezeugen nicht seyn) nicht als ein Engelländischer Bösewicht, sondern als ein Held, und was noch mehr ist, als ein Christ. Erdenkt, Philosophen, wann ihr könnt, eine bessere Art ruhig und standfest zu sterben, als Schwahn gelernet und geübet hat.«

Friedrich Schiller
Ein tabellarisches Dichterleben

10. November 1759

In Marbach am Neckar geboren. Der Vater, ursprünglich Barbier, dann Feldscher, der sich 1749 in Marbach, einer der ärmsten Städte des Herzogtums Württemberg, als Wundarzt niederlassen wollte, ist seit 1753 wieder Soldat. Da der württembergische Herzog Karl Eugen, seit 1744 mit einem Hofstaat von 1800 Mann eine runde halbe Million Untertanen regierend, aufgrund von Subsidienverträgen seine Truppen vermietet, dient er an unterschiedlichen Fronten. Bei Geburt seines Sohnes steht er als Leutnant mit seinem Regiment am Main.

11. November 1759

Johan Christoph Friederich Schiller wird getauft. Unter der stattlichen Liste honoriger Taufpaten befindet sich auch der Bürgermeister Hübler von Vaihingen an der Enz, sowie zwei Frauen, Jungfer Bilfinger und Jungfer Werner, die ebenfalls aus Vaihingen stammen.

Anfänge eines Dramatikers ...

Mai/Juli 1760

Schillers Vater marschiert am 18. Mai vom Würzburger Winterquartier aus nach Württemberg, wo er bis zum Beginn des thüringischen Feldzugs (Abmarsch ist am 20. Juli) zum Stab nach Vaihingen kommt.

1764 bis 1766

Die Familie Schiller wohnt in Lorch (anfangs im Gasthaus zur Sonne). Der Vater ist in der benachbarten Reichsstadt Schwäbisch Gmünd württembergischer Werbeoffizier. »Damit keiner«, heißt es in der herzoglichen Dienstanweisung, »Gelegenheit habe, sich bey schlechtem Fortgang der Werbung dahin zu entschuldigen, man habe nicht Zuschuß genug in denen Wirthshäußern, wo die Recrouten am ehesten und besten zu bekommen, sich sehen zu laßen; So wollen Wir folgende Diaten einem jeden täglich neben seinem Ordinar Tractement gnädigst bewilligen ...«. Der Vater, der später erfährt, daß die so von ihm Angeworbenen nach Holland verkauft werden, nimmt die Kinder bei seinen merkwürdigen Geschäften des öfteren mit und erklärt dabei die Zeugnisse historischer Vergangenheit (z. B. die Hohenstaufengräber). Friedrich Schiller unternimmt häufig Spaziergänge mit der Schwester in die umliegenden Wälder und auf den Klosterberg.

Den Latein- und Elementarunterricht erhält Schiller, der, bis ihm dies von den Eltern nachdrücklich verboten wird, Kleider, Schulbücher und sogar Bettwäsche verschenkt, von 1765 an bei dem pietistischen Pfarrer Philipp Ulrich Moser. Moser beeindruckt ihn derart, daß er Pfarrer werden will und dessen Namen 1781 in den »Räubern« verwendet.

Ende 1766

Schillers Vater läßt sich aus finanziellen Gründen nach Ludwigsburg versetzen. Die Kriegskasse ist ihm bereits drei Jahre die Bezüge schuldig geblieben, im August mußte er den letzten Rest seines Vermögens, einen Weinberg in Marbach, noch vor der Ernte verkaufen.

Ludwigsburg, von den Bauern »Lumpenburg« genannt, ist

seit 1764 Residenzstadt mit verschwenderisch-glänzender Hofhaltung und einem regen Kunstbetrieb.

1767

Eintritt in die Lateinschule Ludwigsburg, mit dem Ziel, den im protestantischen Württemberg üblichen und kostensparenden Weg (Landexamen, Seminar, Stift) zum Kirchendienst einzuschlagen.

28. September 1771

Friedrich Schiller muß für seinen Religionslehrer ein (lateinisches) Huldigungscarmen, zum Dank für die Herbstferien, verfassen: »Dekan, den ich vor allen immer verehren werde, höre jetzt mit freundlicher Stirne meinen Dankgesang an …«. Dieser

…ihre Fortsetzung…

Religionslehrer, der sich beim Vater einmal über eine ketzerische Frage des Sohnes beschwert, ist derselbe Dekan Zilling, der C. F. D. Schubart (seit Herbst 1769 Musikdirektor in Ludwigsburg) dann 1773 wegen unsittlichen Lebenswandels exkommunizieren - und damit zunächst zu seiner Landesverweisung beitragen - wird.

23. September 1774

Schillers Eltern unterschreiben einen vorgedruckten Revers, bei dem nur noch der Name des Sohnes und Ort und Datum einzutragen sind:

»Nachdeme es Seiner regierenden Herzoglichen Durchlaucht zu Würtemberg gnädigst gefällig gewesen, unsern Sohn Johann Christoph Schiller in die Herzogliche Militair-Akademie zu unserer unterthänigsten Danksagung in Gnaden aufzunehmen, nach den Grund-Gesezen dieses Herzoglichen Instituts aber erforderlich wird, daß ein dahin eintrettender Elev sich gänzlich den Diensten des Herzoglich Würtembergischen Hauses widme, und ohne darüber zu erhaltende gnädigste Erlaubnuß aus denselben zu tretten nicht befugt seyn, auch hierüber von beederseitigen Aeltern ein Revers ausgestellt werde; so haben Wir Uns dessen um so weniger entbrechen wollen, vielmehr versprechen wir, daß obbenannter unser Sohn dieser Einrichtung so wohl, als allen übrigen Gesezen und Anordnungen des Instituts auf das genaueste nachzuleben geflissen seyn wird.«

Damit wird rückwirkend die am 16. Januar 1773 erfolgte ›Einlieferung‹ (Schillers Vater hatte dem dreimaligen Drängen des Herzogs nicht mehr widerstehen können) des darüber äußerst unglücklichen Eleven, der noch immer Theologe werden will, in die neugegründete militärische Pflanzschule - wie die spätere Karlsschule zunächst hieß - besiegelt.

Von Schubart, dessen Sohn während der Asperg-Haft ebenfalls in der Karlsschule erzogen wurde, anfänglich als »Sklavenplantage« und »Sklavenfabrik«, später (1789) aber als das »erste Erziehungsinstitut in der Welt« bezeichnet, war die Karlsschule zwar in erster Linie eine ›Staatsdienerschule‹ mit erheb-

lichem Leistungsdruck, aber gleichwohl eine moderne, Adel- und Bürgertum zugängliche Eliteschule mit durchaus fortschrittlichen Lehrern. Einer dieser Lehrer, der auf Schiller über Jahre hin außerordentlichen Einfluß ausübt, ist der nur wenige Jahre ältere, 1751 geborene Jakob Friedrich Abel: der Sohn des Oberamtmanns Abel, der 1760 den Sonnenwirtle gefangennahm und den Prozess führte.

Als fanatisch betriebenes Lieblingsprojekt steht die Karlsschule unter den Argusaugen des Herzogs. Er taucht dort sehr oft auf, kennt die uniformierten, steifbezopften Schüler, die der potente Potentat (oft nicht zu Unrecht) seine Söhne nennt, alle beim Namen, hält Examinationen ab und verteilt mitunter eigenhändig Hiebe. Der Schulleiter hat täglich an die Adresse des Herzogs Rapport zu erstatten. Wegen unterschiedlicher Verfehlungen erhält Schiller des öfteren Strafbillets.

Januar 1775

Im »Schwäbischen Magazin von gelehrten Sachen« erscheint Schubarts Beitrag »Zur Geschichte des menschlichen Herzens«: »Wann wir die Anekdoten lesen, womit wir von Zeit zu Zeit aus England und Frankreich beschenkt werden, so sollte man glauben, daß es nur allein in diesen Reichen Leute mit Leidenschaften gebe.

Von uns armen Teutschen liest man nie ein Anekdötchen, und aus dem Stillschweigen unserer Schriftsteller müssen die Ausländer schließen, daß wir uns nur maschinenmäßig bewegen, und daß Essen, Trinken, Dummarbeiten und Schlafen den ganzen Kreis eines Teutschen ausmache, worin er so lange unsinnig herumläuft, bis er schwindlicht niederstürzt und stirbt. Allein wann man die Charaktere von seiner Nation abziehen will, so wird ein wenig mehr Freiheit erfordert, als wir armen Teutschen haben, wo jeder treffende Zug, der der Feder eines offenen Kopfes entwischt, uns den Weg unter die Gesellschaft der Züchtlinge eröffnen kann.

An Beispielen fehlt es uns gewiß nicht, und ob gleich wegen der Regierungsform der Zustand eines Teutschen bloß passiv ist, so sind wir doch Menschen, die ihre Leidenschaften haben, und handeln - so gut als ein Franzos oder ein Britte. [...] Hier ist ein Geschichtchen, daß sich mitten unter uns zugetragen hat, und ich gebe es einem Genie preis, eine Komödie oder einen Roman daraus zu machen, wann er nur nicht aus Zaghaftigkeit die Szene in Spanien und Griechenland, sondern auf teutschem Grund und Boden eröffnet.«

Die nach dieser vielversprechenden Einleitung enttäuschend farblos (von uns nach dem bei Gaiser abgedruckten Originaltext zitiert) erzählte Geschichte vom gutherzigen, aber etwas verwilderten verlorenen Sohn und seinem abgefeimt geldgierigen Tugendbruder, bei der übrigens ›Räuber‹ gar keine Rolle spielen (der verlorene Sohn geht nicht unter die Räuber, sondern unter die Arbeiter: er wird Bauernknecht), hat in Friedrich Schiller *den* erwarteten Leser gefunden. »Wann wird« - so schließt Schubart seine Geschichte - »einmal der Philosoph auftreten, der sich in die Tiefen des menschlichen Herzens hinabläßt, jeder Handlung bis zur Empfängniß nachspürt, und alsdann eine Geschichte des menschlichen Herzens schreibt, worin er das trügerische Inkarnat vom Antlitz des Heuchlers hinwegwischt und gegen ihn die Rechte des offenen Herzens behauptet!«

Von 1776 an wird sich Schiller mit diesem Motiv (zu den Schubartschen Varianten vgl. das Nachwort) beschäftigen. Erste Szenen der *Räuber* entstehen 1777, in dem Jahr, als Schubart, auf württembergisches Gebiet gelockt (23. Januar 1777), ohne Urteil für über zehn Jahre auf den Asperg kam.

6. Februar 1777

Schubarts Sohn Ludwig (1765 geboren) wird in die Karlsschule aufgenommen.

1779

Schiller lernt Schubarts erst 1780 veröffentlichte *Fürstengruft* in einer handschriftlichen Fassung kennen. Es entsteht der Gedichtentwurf *Die Gruft der Könige*, ein Vorstadium von *Die schlimmen Monarchen*.

10. Januar 1780

Schiller, der ab Anfang 1774 Jura, seit 1776 Medizin studiert, hält die Geburtstagsrede für Franziska von Hohenheim, die Geliebte Karl Eugens: »Die Tugend in ihren Folgen betrachtet.« Diese Rede steht stark unter dem Einfluß von Fergusons *Grundsätzen der Moralphilosophie,* die Schiller so beeindruckten, daß er sie zu großen Teilen auswendig gekannt haben soll.

Adam Ferguson (1723-1816), von Karl Marx als Lehrmeister Adam Smiths bezeichnet, ist einer der Stammväter der modernen Soziologie.

14. November 1780

Nachdem im November die zweite Dissertation (die erste bleibt, u. a. wegen anstößigem Besserwissen, ungedruckt) mit der Publikation - bei der sich Schiller den Spaß erlaubte, in einer Anmerkung einen Hinweis auf die noch ungedruckten *Räuber* (»Life of Moor. Tragedy by Krake.«) unterzuschmuggeln - abgeschlossen war, wird Schiller aus der Karlsschule entlassen und erhält eine wenig lukrative Anstellung als Regimentsmedikus in Stuttgart. Über seine Verwendung als Arzt urteilt er 1782 in einer anonym erschienenen Selbstrezension der *Räuber:* »Er soll ein Arzt bei einem Wirtembergischen Grenadier-Bataillon seyn, und wenn das ist, so macht es dem Scharfsinn seines Landesherrn Ehre: So gewiß ich sein Werk verstehe, so muß er starke Dosen in Emeticis [Brechmittel] eben so lieben als in Aestheticis, und ich möchte ihm lieber zehn Pferde, als meine Frau zur Kur übergeben.«

16. Januar 1781

In Stuttgart erscheint die *Elegie auf den frühzeitigen Tod Johann Christian Weckerlins,* über die Schiller zwei Wochen später an seinen Freund F. W. von Hoven schreibt: »... das kleine hundsvöttische Ding hat mich in der Gegend herum berüchtigter gemacht, als 20 Jahre Praxis. Aber es ist ein Nahmen wie deßjenigen, der den Tempel zu Ephesus verbrannte. Gott sei mir gnädig!«. Und dies, obwohl der auf Kosten der medizinischen Kollegen als Einzeldruck hergestellte Nachruf auf einen

Studienfreund schon von dem Zensor J. C. Voltz auf ohnmächtig-aberwitzige Weise in die Mangel genommen worden war. Als Beispiel mag die siebte Strophe dienen, die ursprünglich lautete:

»Aber wohl Dir! - köstlich ist Dein Schlummer,
Ruhig schläft sichs in dem engen Haus
Mit der Freude stirbt hier auch der Kummer,
Röcheln auch der Menschen Qualen aus.
Über Dir mag die Verleumdung geifern,
Die Verführung ihre Gifte spein,
Über dich der Pharisäer eifern
Pfaffen brüllend dich der Hölle weihn,
Gauner durch Apostel Masken schielen,
Und die Metze, die Gerechtigkeit
Wie mit Würfeln, so mit Menschen spielen,
Und so fort bis hin zur Ewigkeit.«
[Zitiert nach der Insel-Ausgabe von 1966]

Nicht genug, daß Voltz anstößige Stellen - so zum Beispiel das Wort »Pfaffen« (»Müssen weniger anstößige Ausdrücke gewählt werden« / Schiller dann: »Fromme Mordsucht dich der Hölle weihn«) oder »die Metze, die Gerechtigkeit« (»Möchte in einem satyrischen Aufsaze passiren, nicht aber in einem ernsthaften Gedichte« / Schiller dann: »Und die Bastardtochter der Gerechtigkeit«) - mit eigenhändigen Kommentaren versah und ihre Abänderung verlangte, er verstieg sich an anderer Stelle sogar zu formalstilistischen ›Verbesserungen‹.

Mit einer im März veröffentlichten, durchaus unterwürfig-unverfänglichen Ode auf »die glückliche Wiederkunft« Karl Eugens von einer Reise, geht es Schiller ähnlich. Es soll dabei zu einem scharfen Wortwechsel mit dem Zensor gekommen sein.

11. Februar 1781

General Augé veranstaltet anläßlich des Geburtstages von Karl Eugen ein Bankett. Schiller, der zuviel getrunken hat, wird in einer Sänfte heimgetragen. Seither gilt er in Stuttgart als Trinker.

Mai 1781

Schiller übernimmt (bis Jahresende), da er Geld für den Druck der *Räuber* verdienen will, die Redaktion einer kleinen unbedeutenden politischen Zeitung (»Nachrichten zum Nuzen und Vergnügen«; bei Mäntler in Stuttgart). Er macht dabei wiederum unangenehme Erfahrungen mit der Zensur.

Sommer 1781

Im Juni (mit dem Druck war im März begonnen worden) verlassen die 800 im Selbstverlag verlegten Exemplare der *Räuber* die Stuttgarter Druckerei: ohne Namen des Verfassers und mit dem fingierten Druckort »Frankfurt und Leipzig«. Für die Druckkosten hatte Schiller sich, gestützt auf eine Bürgschaft, 150 Gulden geliehen. Ein Schuldenberg, der ihn jahrelang belasten wird.

Eines der ersten Exemplare der *Räuber* geht an den Mannheimer Verleger Christian Friedrich Schwan, dem Schiller bereits im März - vergeblich (Schwan meint, er könne die *Räuber* seinem Publikum nicht zumuten), die ersten Druckbogen geschickt hatte. Schwan vermittelt aber den Kontakt zu Dalberg, dem Intendanten des im Oktober 1779 eröffneten Mannheimer Nationaltheaters, der Schiller im Sommer zu einer Bühnenbearbeitung ermuntert und ihm Hoffnungen auf eine dauerhafte Verbindung mit dem Mannheimer Theater macht.

November 1781

Auf Wunsch von Schillers Patenonkel Philipp Friedrich Rieger (im Taufregister taucht er nicht auf; er hat sich erst später gemeldet) kommt es zu einer denkwürdigen Szene auf dem Asperg. Dieser Rieger, Prototyp eines absolutistischen Handlangers, brutaler Soldatenpresser im 7jährigen Krieg - er hatte, selbst einmal in Ungnade gefallen, mit einer kurzen Zwischenstation auf dem Asperg, vier Jahre unter erbärmlichen Bedingungen auf dem Hohentwiel gesessen -, war nun ein frömmelnder, Kirchenlieder verfassender Festungskommandant, der seinem Gefangenen Schubart Religion einpaukte, sich aber mit dem weltbekannten ›Freigeist‹ vor Besuchern wichtig machte.

So läßt er Schubart eine Rezension der *Räuber* schreiben und führt dann Schiller - Rieger hat den Besuch über Schillers Freund von Hoven arrangiert - als einen Dr. Fischer (vielleicht eine galante Anspielung auf Schillers stadtbekanntes »Laura« - Verhältnis mit der um einiges älteren Hauptmannswitwe Vischer?) vor, dem der ahnungslose Schubart mit eben dieser Rezension aufzuwarten hat. Das von Rieger vorprogrammierte Happy-End, Schubart fällt Schiller nach Lüftung des Inkognito gerührt in die Arme, ist für Schiller sicher mehr als ein makabrer Spaß. Eher ein Wink mit dem Zaunpfahl.

Nach Angaben von Andreas Streicher soll er Schubart dann noch einigemal auf dem Asperg besucht haben.

12. Januar 1782

Schiller, der, selbst wenn er seine Eltern auf der nahegelegenen Solitude besuchen will, förmlich Urlaub einreichen muß, reist ohne Erlaubnis mit seinem Freund Petersen nach Mannheim ab.

13. Januar 1782

Uraufführung der Räuber in Mannheim, zu der Schiller, wegen einer hübschen Kellnerin in Schwetzingen, fast zu spät

... und das Ergebnis: Aufführung der *Räuber*

kommt. Von Dalberg immer wieder mit neuen Änderungsvorschlägen bedrängt, schließlich wurde die Handlung - als Vorsichtsmaßnahme - ins Spätmittelalter verlegt, wird die Uraufführung, von Schiller in einer anonymen Selbstrezension als »buntfärbiges Ding, wie die Hosen des Harlequins« bezeichnet, dennoch ein durchschlagender Erfolg. Ein Augenzeuge berichtet: »Das Theater glich einem Irrenhaus, rollende Augen, geballte Fäuste, heisere Aufschreie im Zuschauerraum.«

Über den Räuber Moor heißt es auf dem Theaterzettel (in der Vorrede »Der Verfasser an das Publikum«): »Die Räuber - das Gemählde einer verirrten großen Sele - ausgerüstet mit allen Gaben zum Fürtrefflichen, und mit allen Gaben - verloren - zügelloses Feuer und schlechte Kammeradschaft verdarben sein Herz, rissen ihn von Laster zu Laster, bis er zuletzt an der Spitze einer Mordbrennerbande stand, Gräuel auf Gräuel häufte, von Abgrund zu Abgrund stürzte, in alle Tiefen der Verzweiflung - doch erhaben und ehrwürdig, gros und majestätisch im Unglück, und durch Unglück gebessert, rückgeführt zum Fürtrefflichen. - Einen solchen Mann wird man im Räuber Moor beweinen und hassen, verabscheuen und lieben ...«.

Februar 1782

Die von Schiller wiederum - mit neuen Schulden - im Selbstverlag herausgegebene, in der Mehrzahl mit eigenen Beiträgen versehene *Anthologie auf das Jahr 1782* erscheint in Stuttgart mit dem fingierten Impressum »Gedruckt in der Buchdruckerei zu Tobolsko« und dem Motto »Meinem Prinzipal dem Tod zugeschrieben«.

Unter den Mitarbeitern befinden sich u. a. Jakob Friedrich Abel und Ludwig Schubart.

15. Mai 1782

Der Festungskommandant Rieger hat auf dem Asperg gegenüber einem Gefangenen einen seiner üblichen Anfälle von Jähzorn. Er erleidet dabei einen Schlaganfall und stirbt. Auf Bestellung der württembergischen Generalität verfaßt Schiller ein vor Huldigungen strotzendes Leichencarmen: »Noch zermalmt der

Schiller besucht Schubart auf dem Asperg

Schrecken unsre Glieder - / Rieger tot!«. Schubart, der, wie er an seine Frau schreibt, unter Rieger »viel schwere Leiden« ausgestanden hat, verfaßt den Text für den Grabstein. - (Schillers Erzählung *Spiel des Schicksals*, die Rieger zum Gegenstand hat, entsteht unter dem Eindruck eines im Dezember 1788 erfolgten Besuches von Ludwig Schubart.)

25. Mai 1782

Eine längere Reise des Herzogs nutzend, der nach Wien gefahren war, um sich beim Kaiser persönlich für die im Dezember 1781 erfolgte Einstufung der Karlsschule zur Universität zu bedanken, fährt Schiller erneut nach Mannheim. Wieder ohne Urlaub, aber mit stillschweigender Billigung seines Vorgesetzten, den er unterrichtet hat.

4. Juni 1782

In einem Brief an Dalberg, der ihm in Mannheim große Hoffnungen gemacht hatte, zeigt Schiller taktische Möglichkeiten zu seiner »Entschwäbung« auf: »Und doch bereue ich beinahe die glüklichste Reise meines Lebens, die mich, durch einen höchst widrigen Kontrast meines Vaterlandes mit Mannheim, schon so weit verleitet hat, daß mir Stuttgardt und alle schwäbischen Scenen unerträglich und ekelhaft werden.« Er schlägt Dalberg vor, sich in einem Brief an den Herzog zunächst für eine Art leihweise Überstellung nach Mannheim zu verwenden und dabei dem Herzog das »Hauptcompliment« zu machen, daß Schiller schließlich »eine Geburt von ihm« und seiner Akademie sei. Dalberg unternimmt jedoch nichts.

28. Juni 1782

Schiller wird nach Hohenheim befohlen, Karl Eugen, von der Mannheimer Reise »haarklein« (wie Schiller an Dalberg schreibt) unterrichtet, untersagt Schiller (der, um seinen Vorgesetzten zu schützen, leugnet, daß dieser von der Reise gewußt habe) jeden Verkehr mit dem Ausland.

28. Juni bis 11. Juli 1782

Wegen der unerlaubten Reise Arreststrafe in der Stuttgarter Hauptwache.

Ende August 1782

Eine Staatsaffäre entlädt sich über Schiller, der am *Fiesko* arbeitet. Der Grund, ein Auftritt Spiegelbergs in den *Räubern:* »... einen honnetten Mann kann man aus jedem Weidenstumpen formen, aber zu einem Spizbuben wills Grüz - auch gehört darzu ein eigenes National-Genie, ein gewises, daß ich so sage, Spizbuben Klima, und da rath ich dir, reis du ins Graubünder Land, das ist das Athen der heutigen Jauner.« Von Schiller lediglich als Stichelei gegen den unbeliebten Karlsschule-Aufseher Kuplie, einen gebürtigen Graubündner, gemeint, erweist sich diese Stelle als eine Zeitbombe, die am 13. Dezember 1781 hörbar zu ticken beginnt. Unter diesem Datum erscheint in den »Hamburgischen Addreß - Comtoir -Nachrichten« ein wohl von den Herren von Salis aus Graubünden in Auftrag gegebener Artikel, der »an den Verfasser des Schauspiels: die *Räuber«* gerichtet, höchst langatmig und weitschweifig »das gute Graubünden« gegen den »fürchterlichen Urtheilsspruch« in Schutz nimmt und der seinem Autor Christian Karl Wredow zur Belohnung das Bürgerrecht von Graubünden einträgt. Dort erscheint in Chur Ende April 1782 »Der Sammler. Eine gemeinnützige Wochenschrift für Bündten«, worin ein Dr. Amstein sich mit Bezug auf Wredow erneut in höchsten Tönen entrüstet und den Verfasser der *Räuber* zum Widerruf auffordert. Einen Brief in dieser Sache, entweder den Beweis für die Beschuldigung anzutreten oder öffentlich zu widerrufen, läßt Schiller liegen und so wendet sich der Dr. Amstein an den Ludwigsburger Gartenbauinspektor Johann Jakob Walter (ein korrespondierendes Mitglied der bündnerischen ökonomischen Gesellschaft), mit der Aufforderung, die Angelegenheit dem Herzog vorzutragen. Obwohl (oder weil?) es sich um den Sohn eines Kollegen handelt - Schillers Vater war am 5. Dezember 1775 aus dem Militärdienst entlassen und zum Leiter der herzoglichen Hofgärtnerei auf der Solitude bestellt worden - tut Walter dies dann prompt.

Die Folgen sind bekannt. Am 2. September 1782 kann Gartenbauinspektor Walter nach Graubünden melden: »Der Comedien-Schreiber ist ein Zögling unserer Academie. Ich hatte nicht sobald ihre Apologie von Bündten gelesen, so machte ich sogleich Anstalt, daß es auch mein Souverain bekam. Dieser verabscheute das Betragen sehr, ließ solchen vor sich rufen, wäschte solchen über die Maaßen, bedeutete ihm bei der größten Ungnad, niemals mehr Comedien noch sonst was zu schreiben, sondern allein bei seiner Medicin zu bleiben.« - Bleibt zum Hohenheimer Auftritt nachzutragen, daß Karl Eugen Schiller widrigenfalls mit Kassation (Dienstentlassung) und Festungshaft droht.

1. September 1782

In einem Brief an den Herzog bittet Schiller »unterthänigst um die gnädige Erlaubniß ferner litterarische Schriften bekannt machen zu dörfen« - »Hätte ich die litterarische Freiheit zu weit getrieben, so bitte ich Ewr. Herzogliche Durchlaucht aller unterthänigst, mich öffentliche Rechenschaft davon geben zu lassen, und gelobe hier feierlich alle künftigen Produkte einer scharfen Zensur zu unterwerfen.«

Anfang September 1782

Nach und nach werden Schillers Wäsche und Bücher in die Wohnung seines Freundes Andreas Streicher gebracht.

Um den 20. September 1782

Abschiedsbesuch bei den Eltern auf der Solitude. Mutter und Schwester sind bereits von dem Fluchtplan unterrichtet, der Vater bleibt völlig ahnungslos. Er soll als Offizier sein Ehrenwort geben können, von den Fluchtplänen des Sohnes nichts gewußt zu haben.

22. September 1782

Höhepunkt der Feierlichkeiten für den am 17. September in Stuttgart eingetroffenen Großfürst Paul von Rußland. 6000 Hirsche, aus den schwäbischen Wäldern zusammengetrieben, werden in den Bärensee gejagt, »in welchem sie (schreibt Streicher), aus einem eigends dazu erbauten Lusthause, nach Bequemlichkeit erlegt werden konnten«. Auf der Solitude brannten mehr als 90 000 Lampions, ein ungeheures Volksfest, das Stuttgart entvölkerte. Niemand achtet auf den Wagen, der gegen zehn Uhr abends aufbricht:

»Der Weg [so der Reisebegleiter Andreas Streicher] wurde zum Eßlinger Tor hinaus genommen, weil dieses das dunkelste war, und einer der bewährtesten Freunde Schiller's - Möchte ihm das Vergnügen noch gegönnt seyn, diese Zeilen zu lesen! als Lieutenant die Wache hatte, damit, wenn sich ja eine Schwierigkeit ergäbe, diese durch Vermittlung des Offiziers, sogleich behoben werden könne. [Es war Schillers Freund Scharffenstein, der dann 1784 zur Wachmannschaft auf dem Asperg gehörte und über den Schiller Schubart grüßen ließ.]

Es war ein Glück, daß damals von keinem zu Wagen reisenden, ein Paß abgefordet wurde. Nur S. [d. i. Streicher] hatte sich einen nach Hamburg geben lassen, welches aber nur der, überflüssig scheinenden, Vorsicht wegen geschah.

So gefaßt die jungen Leute auch auf alles waren, und so wenig sie eigentlich zu fürchten hatten, so machte dennoch der Anruf von der Schildwache - Halt! - Wer da? - Unteroffizier heraus -

einen unheimlichen Eindruck auf sie. Nach den Fragen: wer sind die Herren? wo wollen sie hin? wurde von S. des Dichters Nahme in Doktor Ritter [der, nach Streicher, ein paar alte Pistolen unter seinem Kleide trug], und der seinige in Doktor Wolf verwandelt...«.

23. September 1782

»Morgens zwischen 1 und 2 Uhr,« - sie hatten Stuttgart in großem Bogen umfahren - »war die Station Enzweihingen erreicht, wo gerastet werden mußte. Als der Auftrag für etwas Kaffe ertheilt war, zog Schiller sogleich ein Heft ungedrukter Gedichte von Schubart hervor, von denen er die bedeutendsten, seinem Gefährten vorlas. Das merkwürdigste darunter war die *Fürstengruft*...«. Über Vaihingen, Bretten, Schwetzingen geht es nach Mannheim zu.

24. September 1782

«Das Beste was die Koffer faßten, wurde hervor gesucht, um durch scheinbaren Wohlstand sich eine Achtung zu sichern, die dem dürftig oder leidend Aussehenden fast immer versagt wird« (Streicher). So ausstaffiert kommen sie in Mannheim an. Nach einem Mittagessen bei dem höchst erstaunten Regisseur Meyer schreibt Schiller, von Meyer ausdrücklich dazu ermuntert, an den Herzog (siehe das Kapitel »Briefe«) und an von Seeger, den Karlsschul-Intendanten.

25. September 1782

Frau Meyer, zum Zeitpunkt von Schillers Flucht in Stuttgart, trifft in Mannheim ein und berichtet von den in Stuttgart geäußerten Vermutungen, daß der Herzog dem Flüchtling nachsetzen lassen oder seine Auslieferung betreiben werde. Schillers Reaktion ist zunächst gelassen, da er mit der Großmut des Herzogs rechnet.

27. September 1782

Ein im Auftrag des Herzogs (der die Schiller'schen Briefe aus Gründen der Reputation wohl nicht annahm, aber von Augé vermutlich mündlich unterrichtet wurde) geschriebener Brief General Augés, »daß er sich hierher begeben möchte; er werde von der Gnade Sr. Herzoglichen Durchlaucht dadurch profitieren«, trifft in Mannheim ein. Schiller schreibt postwendend zurück und erbittet präzisere Zusicherungen.

Nachmittags 16 Uhr: Eine Lesung vor Theatermitgliedern aus dem *Fiesko*-Manuskript, auf dessen Annahme durch die Mannheimer Bühne sich Schillers Hoffnungen stützen, endet mit einem Fiasko. Schillers pathetisch-grauenhaftes Schwäbisch vertreibt nach und nach alle Zuhörer. Die Lesung kommt über den zweiten Akt nicht hinaus. Meyer erkundigt sich bei Streicher, ob Schiller wirklich der Dichter der *Räuber* sei und erklärt den *Fiesko* für das Allerschlechteste, was er je gehört habe. Die Abendstunden werden von den Anwesenden in größter Verlegenheit zugebracht. Vom *Fiesko* erwähnte niemand mehr eine Silbe. Als Schiller mit Streicher allein ist, beklagt er sich über den Unverstand der Schauspieler: »Jezt, zum erstenmale, sprach er den ernstlichen Vorsatz aus, daß, wenn er hier nicht als Schauspiel Dichter angestellt, oder sein Trauerspiel nicht angenommen werde, er selbst als Schauspieler auftreten wolle, indem eigentlich doch Niemand so declamiren könne wie er« (Streicher).

Nach nächtlicher Lektüre revidiert Meyer am anderen Morgen seine Ansicht.

2. Oktober 1782

Schiller erhält erneut eine unklare Antwort aus Stuttgart. Meyer rät aus Sicherheitsgründen zur Fortsetzung der Flucht.

3. Oktober 1782

Aufbruch in Richtung Frankfurt. Zu Fuß, denn für ein anderes Fortbewegungsmittel fehlt das Geld. Unterwegs Pläne zur *Luise Millerin*.

5. Oktober 1782

Aus Sicherheitsgründen Quartier im Vorort Sachsenhausen im Gasthof »Zum Storchen«.

Oktober bis Ende November 1782

Eine Zeit der Enttäuschung mit ständiger Geldnot (so versetzt er zum Beispiel seine Uhr) und zunehmenden Verfolgungsängsten. Trotzdem fortwährende Arbeit an der *Luise Millerin.* Das einmal als Dr. Schmidt, das andere Mal wieder als Dr. Ritter auftretend, versucht Schiller auch mit Briefen seine Spur zu verwischen und täuscht u. a. der Schwester (am 6. November) vor, daß er sich auf der Reise nach Berlin befinde. In Wahrheit hatte er sich aber von Frankfurt aus schon am 13. Oktober mit Streicher im Oggersheimer »Viehof« einquartiert, immer in der Hoffnung, von Mannheim einen Bescheid in Sachen *Fiesko* zu erhalten. Ende November erhält er die endgültige Absage Dalbergs, dem er von Frankfurt aus am 6. Oktober seine bedrängte Lage mit der Bitte um einen Vorschuß geschildert hatte. Am 31. Oktober wird er in der Stuttgarter Regimentsliste als »ausgewichen« gestrichen und damit zum Deserteur erklärt. Dem General von Augé, der ihm nach Frankfurt eine Aufforderung zur sofortigen Rückkehr übermittelt hatte, war vom Herzog jede Korrespondenz mit Schiller verboten worden, nachdem Schillers mißtrauische Antwort eindeutige Zusagen verlangte. Als sich Ende November in Mannheim ein württembergischer Leutnant (wie sich später herausstellt, ist es Schillers Freund Koseritz) nach Schiller erkundigt, ist die Angst vor Verhaftung und Auslieferung so groß, daß Schiller und Streicher bei Meyer hinter einer Tapetentür und nachts im leerstehenden Haus des Freiherrn von Baaden versteckt werden.

Schiller greift jetzt auf das Angebot der in Württemberg lebenden Frau von Wolzogen zurück, ihm auf ihrem thüringischen Gut Bauernbach Asyl zu gewähren.

30. November bis 7. Dezember 1782

Reise von Oggersheim (in Worms verabschiedet er sich von Andreas Streicher) nach Bauernbach.

Dezember 1782 bis Juli 1783

Auch in der Bauernbacher Zeit, wo Schiller weiterhin unter dem Namen Dr. Ritter lebt, setzt er seine brieflichen Täuschungsversuche fort und sorgt sich auch um die Sicherheit seiner ängstlichen Gönnerin Henriette von Wolzogen, deren vier Söhne Karlsschulzöglinge sind. Auf ihren Wunsch schreibt er ihr am 8. Januar 1783 von Bauernbach aus einen Brief nach Stuttgart, angeblich aus Hannover, ebenso fiktive Reisepläne nach England enthaltend. Auch Streicher erhält, um das Verwirrspiel komplett zu machen, einen ähnlichen Brief. -

In Bauernbach Fertigstellung der *Luise Millerin* und Arbeit am *Don Carlos*. Am 20. Juli 1783 Uraufführung des *Fiesko* in Bonn; die Erstausgabe war Ende April bei Schwan in Mannheim erschienen.

Im folgenden werden nur noch Daten genannt, die in unserem Zusammenhang wichtig scheinen.

1. September 1783 (bis 31. August 1784)

Einjähriger Vertrag als Theaterdichter in Mannheim (Beginn mit einer schweren Erkrankung).

13. November 1783

Schiller erhält überraschenden Besuch von seinem einstigen Karlsschullehrer Jakob Friedrich Abel (dem er seinen *Fiesko* widmet), und August Friedrich Batz, einem ehemaligen Akademiekommilitonen. Über den Besuch schreibt er am 14. November 1783 an Henriette von Wolzogen: »Wie herrlich mir in den Armen meiner Landsleute und innigen Freunde die Zeit floß! Wir konnten vor lauter Erzälen und Fragen kaum zu Athem kommen«.

Februar/März 1784

Auf Vorschlag Ifflands wird die *Luise Millerin* in *Kabale und Liebe* umbenannt; während wiederum Ifflands Titel für das Stück *Verbrechen aus Ehrsucht* einem Vorschlag Schillers entstammt.

5. Mai 1784

Stuttgarter Erstaufführung der *Räuber* in Anwesenheit des Herzogs.

26. Juni 1784

Schillers Antrittsrede für die Deutsche Gesellschaft »Vom Wirken der Schaubühne auf das Volk« (in der »Rheinischen Thalia« unter dem Titel »Was kann eine gute stehende Schaubühne eigentlich wirken?« abgedruckt):

»... Die Gerichtsbarkeit der Bühne fängt an, wo das Gebiet der weltlichen Gesetze sich endigt. Wenn die Gerechtigkeit für Gold verblindet und im Solde der Laster schwelgt, wenn die Frevel der Mächtigen ihrer Ohnmacht spotten und Menschenfurcht den Atem der Obrigkeit bindet, unternimmt die Schaubühne Schwert und Waage und reißt die Laster vor einen schrecklichen Richterstuhl. Das ganze Reich der Phantasie und Geschichte, Vergangenheit und Zukunft stehen ihrem Wink zu Gebot. Kühne Verbrecher, die längst schon im Staub vermodern, werden durch den allmächtigen Ruf der Dichtkunst jetzt vorgeladen und wiederholen zum schauervollen Unterricht der Nachwelt ein schändliches Leben.«

Ende Juli 1784

Die Stuttgarter Schuld (im Zusammenhang mit dem Druck der *Räuber* entstanden) von 200 Gulden wird fällig. Die Bürgin, Korporalin Fricke, flieht nach Mannheim und wird von der Polizei in Schuldhaft gesetzt. Ein Ausweg findet sich erst, als Schillers Mannheimer Wirt seine Ersparnisse anbietet.

11. November 1784

Ankündigung der »Rheinischen Thalia«. Da Schillers Hoffnungen auf eine Verlängerung seines Vertrages mit dem Mannheimer Theater gescheitert sind, will er mit einer Zeitschriftengründung auch seine materielle Lage stützen. Die Resonanz auf die vielfach versandte Ankündigung ist niederschmetternd. Es erscheint im Frühjahr 1785 lediglich ein einziges Heft. Aus der Ankündigung:

»... Ich schreibe als Weltbürger, der keinem Fürsten dient. Frühe verlor ich mein Vaterland, um es gegen die große Welt auszutauschen, die ich nur eben durch Fernröhre kannte. Ein seltsamer Mißverstand der Natur hat mich in meinem Geburtsort zum Dichter verurteilt. Neigung für Poesie beleidigte die Gesetze des Instituts, worin ich erzogen ward, und widersprach dem Plan seines Stifters. Acht Jahre rang mein Enthusiasmus mit der militärischen Regel; aber Leidenschaft für die Dichtkunst ist feurig und stark, wie die *erste* Liebe. Was sie ersticken sollte, fachte sie an. Verhältnissen zu entfliehen, die mir zur Folter waren, schweifte mein Herz in eine *Idealenwelt* aus - aber unbekannt mit der *wirklichen*, von welcher mich eiserne Stäbe schieden - unbekannt mit den *Menschen* - denn die vierhunderte, die mich umgaben, waren ein *einziges* Geschöpf, der getreue Abguß eines und eben dieses Modells, von welchem die plastische Natur sich feierlich lossagte - unbekannt mit den Neigungen freier, sich selbst überlassener Wesen, denn *hier* kam nur *eine* zur Reife, eine, die ich jetzo nicht nennen will; jede übrige Kraft des Willens erschlaffte, indem eine einzige sich konvulsivisch spannte; jede Eigenheit, jede Ausgelassenheit der tausendfach spielenden Natur ging in dem regelmäßigen Tempo der herrschenden Ordnung verloren - unbekannt mit Menschen und Menschenschicksal mußte mein Pinsel notwendig die mittlere Linie zwischen Engel und Teufel verfehlen, mußte er ein Ungeheuer hervorbringen, das zum Glück in der Welt nicht vorhanden war, dem ich nur darum Unsterblichkeit wünschen möchte, um das Beispiel einer Geburt zu verewigen, die der naturwidrige Beischlaf der *Subordination* und des *Genius* in die Welt setzte. - Ich meine die *Räuber*. Dies Stück ist erschienen. Die ganze sittliche Welt hat den Verfasser als einen Beleidiger der Majestät vorgefordert - Seine ganze Verantwortung sei das *Klima,* unter dem es geboren ward. Wenn von allen den unzähligen Klageschriften gegen die Räuber eine einzige *mich* trifft, so ist es diese, daß ich zwei Jahre vorher mich anmaßte, Menschen zu schildern, ehe mir noch einer begegnete.

Die *Räuber* kosteten mir Familie und Vaterland - - In einer Epoche, wo noch der Ausspruch der Menge unser schwankendes Selbstgefühl lenken muß, wo das warme Blut eines Jünglings durch den freundlichen Sonnenblick des Beifalls munterer fließt, tausend einschmeichelnde Ahndungen künftiger Größe seine schwindelnde Seele umgeben und der göttliche Nachruhm in schönster Dämmerung vor ihm liegt - mitten im Genuß des ersten verführerischen Lobes, das ungehofft und unverdient aus entlegenen Provinzen mir entgegenkam, untersagte man mir in meinem Geburtsort bei Strafe der Festung - zu *schreiben.* Mein Entschluß ist bekannt - ich verschweige das übrige, weil ich es in keinem Fall für anständig halte, gegen denjenigen mich zu stellen, der bis dahin mein Vater war. Mein Beispiel wird kein Blatt aus dem Lorbeerkranz dieses Fürsten reißen, den die Ewigkeit nennen wird. Seine Bildungsschule hat das Glück mancher Hunderter gemacht, wenn sie auch gerade das meinige verfehlt haben sollte.

Nunmehr sind alle meine Verbindungen aufgelöst. Das Publikum ist mir jetzt alles, mein Studium, mein Souverain, mein Vertrauter. Ihm allein gehör ich jetzt an. Vor diesem und keinem anderen Tribunal werde ich mich stellen. Dieses nur fürchte und verehr ich. Etwas Großes wandelt mich an bei der Vorstellung, keine andere Fessel zu tragen als den Ausspruch der Welt - an keinen anderen Thron mehr zu appellieren als an die menschliche Seele. (...)

Die Rheinische Thalia wird jedem Gegenstand offenstehen, der den Menschen im allgemeinen interessiere und unmittelbar mit seiner Glückseligkeit zusammenhängt. Also alles, was fähig ist, den sittlichen Sinn zu verfeinern, was im Gebiet des Schönen liegt, alles was Herz und Geschmack veredeln, Leidenschaften reinigen und allgemeine Volksbildung wirken kann, ist in ihrem Plan begriffen.

I. Gemälde merkwürdiger Menschen und Handlungen

Losgesprochen von allen Geschäften, über jede Rücksicht hinweggesetzt - ein Bürger des Universums, der jedes Menschengesicht in seine Familie aufnimmt und das Interesse des Ganzen mit Bruderliebe umfaßt, fühl ich mich aufgefordert, dem Menschen durch jede Dekoration des bürgerlichen Lebens zu folgen, in jedem Zirkel ihn aufzusuchen und, wenn ich mich des Bildes bedienen darf, die Magnetnadel an sein Herz hinzuhalten. Neugefundene Räder in dem unbegreiflichen Uhrwerk der Seele - einzelne Phänomene, die sich in irgendeine merkwürdige Verbesserung oder Verschlimmerung auflösen, sind mir, ich gestehe es, wichtiger als die toten Schätze im Kabinett des Antikensammlers oder ein neu entdeckter Nachbar des Saturns, dem doch der glückliche Finder seinen Namen sogleich in die Ewigkeit aufladet. (...).«

27. Dezember 1784

Schiller erhält vom Herzog Karl August den (von ihm erbetenen) Titel eines Weimarischen Rats.

April 1785

Da Schiller sich in Weimar wegen der gescheiterten Projekte nicht mehr halten kann, folgt er der Einladung seiner Leipziger Freunde. Durch Vermittlung Körners tritt er in einen Kontrakt mit dem Verleger Göschen, der die »Rheinische Thalia« unter dem verkürzten Titel »Thalia« übernimmt.

24. April 1785

In einem Brief an den Verleger Schwan (»Meine Aussichten sind biß jetzt unbestimmt und dunkel geblieben, nunmehr fangen sie an, sich zu meinem Vortheile zu verändern.«) bittet er um die Hand seiner Tochter Margaretha.

3. Juli 1785

In einem Brief an Körner beschwert sich Schiller über den »niederträchtigen Zug« von Schwan, seinen *Fiesko* ohne Anfrage und Honorarzahlung nachzudrucken, was alle seine Verbindlichkeiten zu dieser Buchhandlung aufhebe.

29. November 1785

Schiller übersendet das Manuskript des *Verbrecher aus Infamie. Eine wahre Geschichte* für das zweite Heft (das erste Heft der neuen) »Thalia« an Göschen (u. a. zusammen mit dem Ende Oktober / Anfang November entstandenen Lied *An die Freude)*.

Es ist zum anonymen Abdruck bestimmt und mit einem Kreuz (†) gezeichnet.

1785/1786

Im Verlag der »Buchdruckerei der Herzoglichen Hohen Carls-Schule« erscheinen Schubarts sämtliche Gedichte, von ihm selbst - er wird erst 1787 aus der Haft entlassen - herausgegeben. Sie enthalten auch die *Fürstengruft*; unzensiert und ungekürzt, sowie ein Gedicht *An Schiller.*

Anfang Februar 1786

Auf dem Umschlag der Archenholtzschen Zeitschrift »Zur Litteratur und Völkerkunde« erscheint eine Voranzeige der »Thalia«, die Schiller als Verfasser (*»Verbrechen aus Infamie, eine Erzählung, ebenfalls von Herrn Schiller«)* nennt.

13. Februar 1786

In einem einer neuen Manuskriptsendung beiliegenden Brief schreibt Schiller an Göschen: »Nun zu etwas wichtigem. Ich lese in der Litteratur- und Völkerkunde eine Anzeige der Thalia mit einer Probe. Ich gestehe Ihnen, liebster Freund, daß ich nicht wenig darüber erschrocken bin. Es ist nicht nur ganz gegen meinen Wunsch, daß einige Artikel dieses Heftes, wozu ich ausdrücklich fremde Zeichen gebraucht habe, mir positiv zugeschrieben werden, vorzüglich die Geschichte aus dem Wirtembergischen - sondern selbst die Wahl der 2 lezten Strophen der Freude, welche aus dem Context herausgenommen, nicht gut ausfallen und worin von der Freude selbst keine Silbe vorkömmt, dünkt mir unglücklich zu seyn, und macht mir eine höchst unangenehme Empfindung. Außerdem kann ich den Zweck, den Sie dabei gehabt haben können, nicht absehen, und als Herausgeber der Thalia muß mir dieses Mittel, sie in Umlauf zu bringen, nicht das erwünschteste seyn. Probe und Muster heißen gleichviel - und alle Leser denken dabei an die Mustercharten des Kaufmanns. Ich erbiete mich, lieber Freund, die Unkosten ganz zu tragen, wenn Sie den Umschlag zu diesem Heft zernichten und umdrucken lassen. Es ligt mir alles daran, und die paar Louisd'ors, die es mich allenfalls kostet, fechten mich nicht so an, als die Sache. Das Journal wird noch nicht verschickt seyn, und also hoffe ich, daß Sie meine Bitte mir erfüllen werden.

Schreiben Sie mir mit Absendung des 2ten Heftes, was ich mir versprechen darf.«

Um den 16. Februar 1786

»Thalia, Herausgegeben von Schiller, Zweites Heft« erscheint. Der *Verbrecher aus Infamie, eine wahre Geschichte* ist mit einem Kreuz unterzeichnet.

Enthält von Schiller außerdem: *An die Freude* (mit Körners Vertonung), *Freigeisterei der Leidenschaft* (mit einer auf Anweisung der Zensur - Schiller hatte Schwierigkeiten vorausgesehen - entstandenen relativierenden Anmerkung versehen), *Resignation, Die unüberwindliche Flotte,* die drei Szenen des zweiten Aktes vom *Don Carlos* und *Philipp der Zweite* von Mercier (übersetzt von Schiller). Sowie von Schubart die Einladung zur Subskription seiner Gedichte.

Ende Februar oder Anfang März 1786

Schiller an Göschen: »Ihren Widerruf in dem nächsten Hefte der Litteratur- u. Völkerkunde unterdrüken Sie. Wir wollen ja mäusgenstill davon seyn, so vergißt sich das Ding vielleicht.«

1787

In Stuttgart erscheint von Jakob Friedrich Abel die »Sammlung und Erklärung merkwürdiger Erscheinungen aus dem menschlichen Leben«. Darin (im zweiten Teil) die Lebensgeschichte Friedrich Schwahns.

Januar 1790

Schiller erhält den Hofratstitel.

April 1792

Schiller schreibt die Vorrede für *Merkwürdige Rechtsfälle als ein Beitrag zur Geschichte der Menschheit* (die im Herbst 1792 erscheinen):

»Unter derjenigen Klasse von Schriften, welche eigentlich dazu bestimmt ist, durch die Lesegesellschaften ihren Zirkel zu machen, finden sich, wie man allgemein klagt, so gar wenige, bei denen sich entweder der Kopf oder das Herz der Leser gebessert fände. Das immer allgemeiner werdende Bedürfnis zu lesen, auch bei denjenigen Volksklassen, zu deren Geistesbildung von seiten des Staats so wenig zu geschehen pflegt, anstatt von guten Schriftstellern zu edleren Zwecken benutzt zu werden, wird vielmehr noch immer von mittelmäßigen Skribenten und gewinnsüchtigen Verlegern dazu gemißbraucht, ihre schlechte Ware, wärs auch auf Unkosten der Volkskultur und Sittlichkeit in Umlauf zu bringen. Noch immer sind es geistlose, geschmack- und sittenverderbende Romane, dramatisierte Geschichten [beispielsweise wurde Schillers Verbrecher 1788 von Gottfried Immanuel Wenzel und 1794 anonym dramatisiert], sogenannte Schriften für Damen und dergleichen, welche den besten Schatz der Lesebibliotheken ausmachen und den kleinen Rest gesunder Grundsätze, den unsre Theaterdichter noch verschonten, vollends zugrund richten. Wenn man den Ursachen nachgeht, welche den Geschmack an diesen Geburten der Mittelmäßigkeit unterhalten, so findet man ihn in dem allgemeinen Hang der Menschen zu leidenschaftlichen und verwickelten Situationen gegründet, Eigenschaften, woran es oft den schlechtesten Produkten am wenigsten fehlt. Aber derselbe Hang, der das Schädliche in Schutz nimmt, warum sollte man ihn nicht für einen rühmlichen Zweck nutzen können? Kein geringer Gewinn wäre es für die Wahrheit, wenn bessere Schriftsteller sich herablassen möchten, den schlechten die Kunstgriffe abzusehen, wodurch sie sich Leser erwerben, und zum Vorteil der guten Sache davon Gebrauch zu machen. (...)«.

26. August 1792

Die Französische Nationalversammlung erteilt Schiller die Ehrenbürgerschaft der Republik.

Ende August 1792

Erscheinen von *Kleinere prosaische Schriften von Schiller. Aus mehrern Zeitschriften vom Verfasser selbst gesammelt und verbessert.* Darin, mit wenigen, aber »mildernden« Veränderungen, der *Verbrecher aus Infamie*, nunmehr unter dem Titel: *Der Verbrecher aus verlorener Ehre. Eine wahre Geschichte.*

8. August 1793

Auf seiner lange geplanten Schwabenreise kommt Schiller in Heilbronn an und nimmt vom Gasthof »Zur Sonne« aus Fühlung wegen der Sicherheit einer Einreise in Schwaben auf (Heilbronn ist freie Reichsstadt).

24. Oktober 1793

Tod Karl Eugens. Schiller, der dann ohne offizielle Erlaubnis nach einigem Zögern am 8. September in Ludwigsburg Quartier genommen hatte, ist von diesem Ereignis tief berührt.

9. Mai 1805

Schillers Tod

Schiller auf dem Totenbett
Zeichnung von F. Jagemann

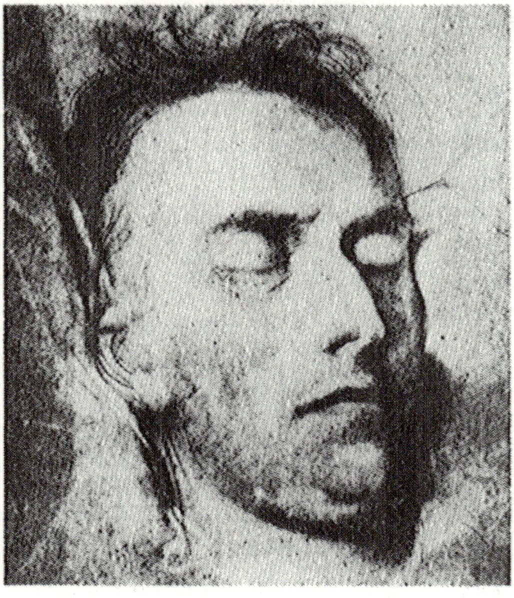

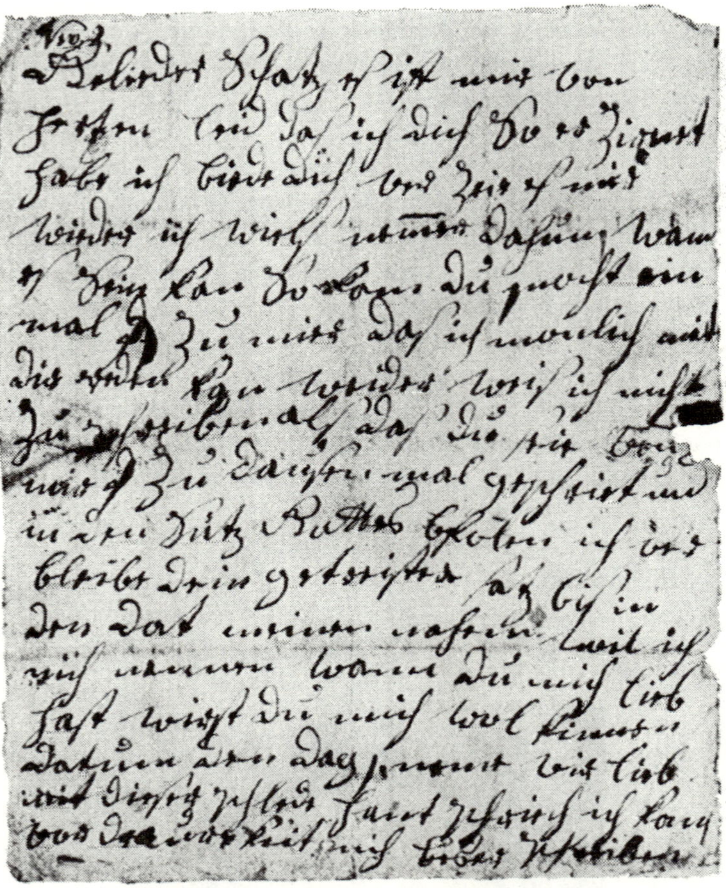

Brief Christina Müllerins an Friedrich Schwahn
(s. Seite 101)

Briefe
Räuber-, Dichter- und Liebesbriefe
Nebst einem Steck- und einem Denunziantenbrief

Friedrich Schwahn an den Vogt

Hochedel insonders hochgeehrtester Herr
Expeditions-Rath und Vogt,

Es gelangen diese wenigen Zeilen an dieselben; meine Umstände und Ursachen ihnen bekannt zu machen, meine Unruh meines Herzens dermahlen ihnen bekannt, und ich mein leib so wohl auch die Seel noch damit verliehren kann, denn ich kan nicht von dannen bleiben, biß ich die Christine Müllerin bey mir hab, und sollte Gallgen und Rad dastehen und ich wüßte, daß ich gleich auf der Stelle gehenkht werden sollte, wenn man mich bekommen, so könnte ich nicht gehen. Also bitte ich um Gottes Barmherzigkeith und meiner armen Seel willen, sie sollen so viele Gnad und Barmherzigkeith thun, und diese meine bitte an die gnädige Herrschaft ergehen laßen, daß man mich und diese Christine Müllerin möchte auß dem Land helfen, welches wir auf unser leib und Leben, des Tags unseres Lebens nicht mehr wollen Betretten; sollte nun mein herzliches bitten bey dem Herrn Expeditions-Rath vergebens seyn, und Sie es nicht an die gnädige Herrschaft einberichten, und meynen mich durch Christina Müllerin zu bekommen, so verunglückht er andern Menschen durch mich, ehe ich mich wieder in Arrest begeben thue, so schieß und stich und hau ich tod was ich kan, und laß mir auch nicht auf meinen Leib als einen Menschen, und wann ich zwey sehe, solle der eine des Todes seyn, die hundert Gulden, die man verspricht, mich zu bekommen, die solle man mir auf den Weg geben, so ist man aller gefahr befreyet. Und alles das, was ich hiemit geschrieben hab, das halte ich so gewiß, als ich getauft worden bin, und wann auch nur ein Wort dastehet, das ich nicht halte, so sollen alle Nachtmahl, die ich empfangen hab, und meine heilige Tauf, und alle Gebett, die ich gelernet und gebetten hab, an mir verlohren gehen, wann ich es nicht thun, was ich geschrieben hab, wann man mich einfangen will, oder mir die Christina Müllerin nicht laßen, denn ich begehre meiner Seelen Ruh zu schaffen, wann man mir dieselbe schon längst gelaßen hätte, so wäre ich niemalen in dem leiden, und hätte niemalen gestohlen, und daß ich die Margaretha Müllerin am heiligen Christtag zu ihnen geschickhet hab, so hat man mich auch fortgeführet auf Hohentwiel, ist selbig kein Sünd, so ist dieses auch keine, und sie hat mir mit Gewalt fort müssen, und wann mir nur ein einziger Manns Nahm vor ihre Tür gekommen wäre, so hätte ich denselben gleich tod geschoßen, wenn er nicht abgewichen wäre. Hiemit unterschreibe ich den 21. Dec. Anno 1756

Johann Fr. Schwahn.

Man kann der Christina Müllerin diesen Brief vorlesen, sie wird gewiß das Land mit mir bemüssigen.

Friedrich Schiller an den Herzog
Mannheim den 24. Sept. 1782.

Durchlauchtigster Herzog
Gnädigster Herzog und Herr,

Das Unglük eines Unterthanen und eines Sohns kann dem gnädigsten Fürsten und Vater niemals gleichgültig seyn. Ich habe einen schröklichen Weeg gefunden, das Herz meines gnädigsten Herrn zu rühren, da mir die natürlichen bei schwerer Ahndung untersagt worden sind. Höchstdieselbe haben mir auf das strengste verboten litterarische Schriften herauszugeben, noch weniger mich mit Ausländern einzulassen. Ich habe gehoft Eurer Herzoglichen Durchlaucht Gründe von Gewicht unterthänigst dagegen vorstellen zu können, und mir daher die gnädigste Erlaubniß ausgebeten, Höchstdenselben meine unterthänigste Bitte in einem Schreiben vortragen zu dörfen; da mir diese Bitte mit Androhung des Arrests verwaigert ward, meine Lage aber eine gnädigste Milderung dieses Verbots höchst nothwendig machte, so habe ich, von Verzweiflung gedrungen, den izigen Weeg ergriffen, Eure Herzogliche Durchlaucht mit der Stimme eines Unglücklichen um gnädigstes Gehör für meine Vorstellungen anzuflehen, die meinem Fürsten und Vater gewiß nicht gleichgültig sind.

Meine bisherigen Schriften haben mich in den Stand gesezt den Jahrgehalt, den ich von Höchstdero hoher Gnade empfing, jährlich mit 500 fl. [bei weitem übertrieben; H.B.] zu verstärken welcher ansehnliche Zuschuß für meine Gelehrtenbedürfnisse notwendig war. Das Verbot, das mir das Herausgeben meiner Arbeiten legte, würde mich in meinen oeconomischen Umständen äuserst zurüksezen, und gänzlich außer Stand sezen mir ferner die Bedürfnisse eines Studierenden zu verschaffen.

Zu gleicher Zeit glaubte ich es meinen Talenten, dem Fürsten der sie wekte und bildete, und der Welt die sie schäzte schuldig zu seyn, eine Laufbahn fortzusetzen, auf welcher ich mir Ehre zu erwerben, und die Mühe meines gnädigsten Erziehers in etwas belohnen könnte. Da ich mich bisher als den ersten und einzigen Zögling Eurer Herzog[lichen] Durch[laucht] kannte der die Achtung der großen Welt sich erworben hat, so habe ich mich niemals gefürchtet meine Gaben für diesen Endzwek zu üben, und habe allen Stolz und alle Kraft darauf gerichtet mich hervorzuthun und dasjenige Werk zu werden, das seinen fürstlichen Meister lobte. Ich bitte Euer Herzog[liche] Durch[laucht] in tiefster Unterthänigkeit mir zu befehlen daß ich das beweisen soll.

Ich mußte befürchten gestraft zu werden wenn ich Höchstdenselben gegen das Verbot meine Anliegenheit in einem Schreiben entdekte. Dieser Gefahr auszuweichen bin ich hierher geflüchtet, fest überzeugt, daß nur die unterthänigste Vorstellung meiner Gründe dazu gehört, das Herz meines Fürsten gegen mich zu mildern. Ich weiß daß ich in der grosen Welt nichts gewinnen kann, daß ich in mein grösestes Unglük stürze; ich habe keine Aussichten mehr wenn Eure Herzog[liche] Durch[laucht] mir die Gnade verwaigern solten, mit der erlaubniß Schriftsteller seyn zu dörfen, einigemahl mit dem Zuschuß den mir das Schreiben verschaft Reisen zu thun, die mich grose Gelehrte und Welt kennen lernen, und mich civil zu tragen welches mir die Ausübung meiner Medicin mehr erleichtert, zurükzukommen. Diese einzige Hoffnung hält mich noch in meiner schröklichen Lage. Solte sie mir fehlschlagen so wäre ich der ärmste Mensch, der verwiesen vom Herzen seines Fürsten, verbannt von den Seinigen wie ein Flüchtling umherirren muß. Aber die erhabene Großmut meines Fürsten läßt mich das Gegenteil hoffen. Würde sich Karls Gnade herablasen mir jene Punkte zu bewilligen, welcher Unterthan wäre glüklicher als ich, wie brennend solte mein Eifer seyn Karls Erziehung vor der ganzen Welt Ehre zu machen, Ich erwarte die gnädigste Antwort mit zitternder Hoffnung, ungedultig aus einem fremden Lande zu meinem Fürsten zu meinem Vaterland zu eilen, der ich in tiefster Submission und aller Empfindung eines Sohns gegen den zürnenden Vater ersterbe

Eurer Herzoglichen Durchlaucht
unterthänigsttreugehorsamster
Schiller.

Friedrich Schwahn an seinen Schwager

Hertz Geliebter Herr Schwager Sartorius.
Es ist mir leid, ihn mit solchen Zeilen zu berichten. Ich glaube, der Herr Schwager werde mir nicht übel nehmen, weil ich ihn mit solchen Zeilen berichte. Geliebter Schwager, ich weis mir nicht mehr zu helfen, so will ich ihn unterdinigst und um Gottes Willen gebeten haben, mich auf dieses Mahl noch keine Fehl Bitte zu thun laßen und mir ein Rath erteilen. Denn ich laufe in der Irr. Als wie ein verlohrnes Schaf. So rufe ich zu Gott er möchte mir ein Hilfe Senden, die mich wieder auf den rechten Weg bringen sollte. Nicht nur auf den Weg des Lebens, Sondern auf den Weg zur Seeligkeit. Welches ich von Gott erbitte. So glaube ich, der Herr Schwager werde sich meiner erbarmen und mir den Einzigen Rath mittheilen, welches ich mir noch

einmal von ihm erbitte. Gott, der himmlische Vatter er Weiche ihm sein Hertz, daß es sich noch einmahl meiner erbarmt und mir ein Rath mittheilt, der mir an Seel und leib nützlich sein werd. Welchem ich folgen werde. Meine Reis, die ist nicht bestanden, wie ich geglaubt habe. Wie ich nach Frankfurt kommen bin, So hat mein Herr Vetter des Gerichts Schreibers Sohn von Boll zu Ein Knecht und er ihn nicht fortschicken hat können, weil er auch ein freund von ihm seye. Er mir aber versprochen, auf Erhaltung zu geben 14 Tag lang. Der Lohn bei den Metzgern ist so viel bis zu 18 Thalern und zwei Jahr zu dienen. Wann einer unter der Zeit wegläuft, so ist er schon bezahlt. So bin ich dieses Mahl in mich selber gangen und mußt erst erkönnen. Was ich bei meinem Vatter vor gute Tage gehabt habe und ihm nicht gefolgt. So bitt ich mir nur noch dieses Mahl noch zu helfen und mich nicht zu verlassen. Meine Eine Bitte Besteht nur noch so viel an dem Meinen mir zu helfen daß ich noch nur Einer von Seinen Taglöhnern sein möchte. Ich werde gewiß meinem Vatter in allen Stücken gehorsam sein. Wenn ich es nicht thue und ihm im geringsten was anstelle, so sprich ich das urtel wider mich und schreibe meine eigene Hand unter, daß ich auf den ersten Streich in Arrest soll gesetzt werden. Wann ich nicht gehorchen werde und meinem Vatter nicht getreu bin So lang ich bei ihm bin. Wann er nur noch so viele vätterliche Liebe an mir erzeigt und mich Eins von seinen Taglöhnern machen thät. Wenn man mich meiner nicht mehr erbarmen will und auf dem Irrweg herum laufen lassen will, So bitte ich den Herrn Schwager, er möchte ihn, statt meiner, Eine Bitte bei dem Vatter tun, daß man mir meine Kleider schicken möchte bis auf Blochingen zu dem Böhnen. Er barmt sich aber der Vatter meiner, so will ich heimgehen und gehorsam sein. Welches ich von Hertzen bitte. Hier mit will ich beschließen und schließe Euch in die Vorsorg Gottes und wünsche Euch Allen Eine gute Gesundheit. Ich verbleibe Euer getreuer Freund bis in den Tod.

Den 29. Jan. anno 1750

Joh. Friedrich Schwahn

An die Jungfer Christine Müllerin in beliebigen Händen zu eröffnen in Eberspach

Jesum zum Gruß, hertzgeliebter Schatz.

Ich mus dich mit einem betrübten Herzen beschreiben und diese Zeilen werden dich, wie ich in meinem Hertzen glaube Betrübt antrefen, So wil ich Dein Hertz erleichtern. Liebe Christina, glaube Du, daß mein Herz nicht wankhen wird und Dir noch jeder Zeit getreu verbleiben, so lange mir Gotte eine Ader in meinem Leib laßt. Wenn Du andere Buben Entlaßt und ihrer entläßt und ich erführe, daß du Dich so haltst Wie es einem brafen menschen gehört, nur Ein halbes Jahr, so solle mir keine andere mehr an meine Seite kommen. Ich wollte Dir gern was schickhen, ich forcht, Du möchtest in dem Eberspächer Markt zu dem Wein gehen und einen bei Dir schlafen lassen So wil ich Jetzt Dir noch nicht schicken, sondern auf Deine Aufführung warten. Wenn Du dich hältst, so wil ich Deiner nicht vergessen und dich auch nicht lassen. Soldest Du Dir dein Leben verkürtzen, wie Du gesagt hast, so schreibe ich mich aus der Schuld und gib es Dir und den Deinigen über. Was ich gesagt hab, das halte ich Dir und Laß Dir Deinen Willen. Ich Wünsche, das Gott der almächtige Dein Hertze regiere und führe Dich zu allem Guten und gebe dir Glückh und Segen und regiere dein Hertz, daß es nicht falle, noch Irr gehen laßt. Das wünsch ich dir aus getreuem Hertzen. Noch Eins. Ich verlange eine Nachricht von Dir. Ich wil dir die überschrift schreiben Wie du an mich schreiben solst. Weiter kann ich dir nicht schreiben, als du solst mir nicht übel nehmen, Weil ich so saumäßig geschrieben hab. Die nacht ist mir auf den Hals gekommen und vor Betrübnis hats nicht so eilen können. Du und die Deinigen Seynd Tausend mahl gegrüßt und in den Schutz Gottes befohlen und bleibe dir getreu bis in den Tod

Joh. Fr. Schwahn.

Dieser Brief zukomme an Joh. Fr. Schwahn, Hausknecht bey der Sonne in Sachsenhausen bey Frankfurt am Main.

[Januar 1750]

Christina Müllerin an Friedrich Schwahn

Geliebder Schatz, es ist mir von Hertzen leid, daß ich dich so verzirnt habe, ich biede dich, verzei es mir wieder, ich wills nimmer Dhun. Wann es Sein kann, so komm Du nacht einmal zu mir, daß ich mendlich mit Dir reden kann. Weider weiß ich nicht zu schreiben, als daß [unleserlich] und in den Sutz Gottes befohlen, ich verbleibe dein getreister satz bis in den Dot meinen nahmen will ich nich nennen, wann du mich lieb hast wirst du mich wohl finden neme vor lieb mit dieser schlechten Handschrift, ich kann vor Draurigkeit nicht beser schreiben.

[undatiert, wohl 1749/50]

Ein Steckbrief

Beschreibung
des famosen Bößwichts Friderich Schwahnen,
von Eberspach Göppinger Amts.

Dieser Räüber und Mörder ist 27. Jahr alt, kurzer Statur, und nur 5. Fuß 7. Zoll lang, dabey aber besetzt, eines starcken Kopfs, weissen saubern Angesichts, dicker rother Backen, braun oder vielmehr gelblechter kurzer glatter Haaren, schwarzbrauner Augen, breiter Schultern, und starcker Waaden.

Was seine Kleidung anbetrifft, so hat er sonsten gemeiniglich ein rothes Brusttuch, blauen=auch zu Zeiten grünen Fieß=Rock, schwarze Hosen, und weisse Strümpf getragen, worauf aber nicht zu gehen, indeme er seine *Monti*erung je, nachdeme er einen Raub, und gewaltsamen Einbruch begangen, verändert, manchmal Waden=Stiffel träget, beständig heimlich Gewöhr= auch mehrmalen eine Flinten oder Kugel=Büxen und Hirschfänger bey sich führet, und sich mittelst Führung eines Hunds bald vor einen Mezger= bald Kieffer=Knecht, welcher Handwercker gewohnliche Ohren=Gehäng er zu Zeiten träget, bald vor einen Bierbrauer, bald vor einen andern *Professionisten,* bald aber vor einen Jäger ausgibet, und zu solchem Ende falsche Pässe und gedruckte Kundschafften mit sich führet, zu Zeiten auch sich in Weibs=Kleidern verkleidet, bald allein gehet, bald aber eine *Concubine,* bald einen Cameraden, zu Zeiten auch mehrere mit sich führet, und zu Diebs=Banden sich gesellet, bey letztern aber länger nicht verbleibet, als bis er einen Raub mit ihnen begangen, zur Winters=Zeit hin und wieder auf einzelnen Höfen, oder abgelegenen Orten, auch mehrmalen im Futter in Ställen jedoch ganz kurze Zeit- zur Sommers=Zeit aber meistens seinen Auffenthalt, als ein Erz=Wilderer in den Waldungen und Höhlenen hat, wohin er sich das Essen und Trincken entweder durch Cameraden, oder seine *Concubinen,* nebst Pulver und Bley aus denen Kauf=Läden abholen lässet.

Wann er einen gewaltsamen Einbruch und Raub vor hat, gehet er, wo er vorhero nicht schon bekannt, wie es zu Heßenthal, Geißlingen und Gmünd, und anderer Orten ergangen, etliche Tag, oder etliche Wochen vorhero mit seinen Cameraden oder *Concubin*en in solches Haus, und wann es ein Wirth, zechet er bey ihme, wann es aber ein Kauffmann, so kauffet, oder failset er Waaren, und siehet mittlerweilen die Gelegenheit zu einem Einbruch aus.

Seine Einbrüch verübt er gemeiniglich in der Nacht vor einem Feyer=Sonn=oder Festtag, und, wann solche vorbey, so bleibet er entweder, wann ihme die *Situation* bekannt, in der Nähe an verborgenen Orten, oder er entfernt sich alsobalden 10. bis 12. auch mehrere Stunden weit.

Ansonsten ist sein Auffenthalt meistens um Eberspach herum, zu Hattenhofen bey seinem Schwager, Ochsenwirth Strauben, in dem Gmündischen in der Stadt, und St. Catharina, Rechbergischen, Schwäbisch Hallischen, Limpurgischen, auch zu Zeiten in und um Reuttlingen, und Urach herum. Seine Sprache ist angenehm, und sein Umgang also schmeichelnd, daß er einen jeden, der ihne nicht kennet, dergestalten einzunehmen weißt, daß man seinem fälschlichen Vorgehen vollkommenen Glauben beymisset.

Wobey noch anzumercken, daß er sich zu Zeiten starck bezeche, und volltrincke, also zwar, daß er hernach auf dem Feld, und zwar zur Sommers=Zeit in Früchten, oder auf dem Graß verliegen bleibe.

Seine Einbrüch verübt er gemeiniglich in der Nacht vor einem Feyer-Sonn-oder Festtag, und, wann solche vorbey, so bleibet er entweder, wann ihme die Situation bekannt, in der Nähe an verborgenen Orten, oder er entfernet sich alsobalden 10. bis 12. auch mehrere Stunden weit.

Ansonsten ist sein Auffenthalt meistens um Eberspach herum, zu Hattenhofen bey seinem Schwager, Ochsenwirth Strauben, in dem Gmündischen in der Stadt, und St. Catharina, Rechbergischen, Schwäbisch Hallischen, Limpurgischen, auch zu Zeiten in und um Reuttlingen, und Urach herum. Seine Sprache ist angenehm, und sein Umgang also schmeichlend, daß er einen jeden, der ihne nicht kennet, dergestalten einzunehmen weißt, daß man seinem fälschlichen Vorgeben vollkommenen Glauben beymisset.

Wobey noch anzumercken, daß er sich zu Zeiten starck bezeche, und volltrincke, also zwar, daß er hernach auf dem Feld, und zwar zur Sommers-Zeit in Früchten, oder auf dem Graß verliegen bleibe.

*Ein Denunziantenbrief**

Der Gartenbauinspektor Walter nach Graubünden
Ludwigsburg, 7. Oktober 1782

Mich freut der Beifall Ihres regierenden Bundeshauptes. Mein Verfahren mit dem bekannten Comedienschreiber hat noch die Satisfaction von Bündten vollkommen gemacht. Der Verfasser der Räuber hat sich einfallen lassen (vielleicht Originale zu seinen Comedien wo anders zu suchen, weil es ihme so hart mit Bündten gieng) eine unbestimmte Reise zu machen, kurz zu sagen, er ist desertirt und hat damit vollends jeder männiglich gezeigt, wer er ist. - Ohngeachtet nicht das geringste Interesse die Triebfeder dieser Handlung war, da ich mit Vergnügen gern Jedermann, so viele Kräfte es zulassen, diene, so machte es mir doch ein Vergnügen, wenn mich eine hochlöbliche Standesversammlung zu einem Bündtner Bürger annehmen würde!

* Siehe den tabellarischen Lebenslauf Schillers: Ende August 1782. Statt des erwarteten Ehrenbürgerrechts erhielt Gartenbauinspektor Walter lediglich ein höfliches Dankschreiben.

„Solche Professoren können wir nicht brauchen!"
aus dem „Kladderadatsch" (o.J.)

Eine wahre Geschichte und ihre Folgen

Leichenöffnung

Eine alltägliche Geschichte. Da rüttelt einer, der sich nicht ersticken lassen will, an der schmalen Umzäunung der Gesetze. Stolpert und steht auf, sieht sich den Fuß gestellt und stolpert wieder, wird bös getreten und tritt noch schlimmer zurück, weiß schließlich nicht mehr, ob er über eigene oder fremde Füße fällt, und bleibt dann, fast erleichtert, auf der Strecke. »Unsere Gelindigkeit«, heißt es bei Schiller, »fruchtet ihm nichts mehr, denn er starb durch des Henkers Hand - aber die Leichenöffnung seines Lasters unterrichtet vielleicht die Menschheit und - es ist möglich, auch die Gerechtigkeit«. Mit Gerechtigkeit meinte Schiller die Justiz, doch der Graben klafft noch immer. Auf der Anklagebank sitzen auch heute die Sonnenwirtles und alles ist wie vordem, nur der Henker hat hierzulande derzeit Pause.

Was heißt und zu welchem Ende beschäftigt man sich mit Literatur? Bei einem Fachgelehrten finde ich den Satz: »Die Instrumentalfunktion des Gegenstandes von Schillers Erzählung weist einen deutlichen Richtungskasus auf«. Ich gestehe, daß ich mich solchen Sätzen gegenüber geschlagen gebe. Auch die gewiss nicht uninteressante Frage nach der gattungsspezifischen Zuordnung -ob es sich nun um eine Erzählung, eine Novelle oder um eine psychologische Studie handle- beunruhigt mich nicht, solange die Mehrheit der Exegeten so tut, als sei dieser Christian Wolf alias Friedrich Schwahn sozusagen eine Kopfgeburt, die nur dies tut und das läßt, weil niemand anderer als Friedrich Schiller die Fäden zieht. Die mit ihrer Interpretationswut vergessen lassen, daß da einer in erster Linie Urteilsschelte übt, zwar runde fünfundzwanzig Jahre später, aber so gründlich, daß das auch nach zweihundert Jahren seine Wirkung nicht verloren hat.

Zumindest die Justiz scheint das gespürt zu haben. Als ich

mich für die wahre Geschichte interessiere, werde ich angesichts der säuberlichen Aufbewahrung der Aktenberge den Verdacht nicht los, diese Sorgfalt der Überlieferung gründe sich auch auf ein schlechtes Gewissen, sei eine Art Beweissicherungsverfahren gegen das Eindringen der Literatur in die Sphäre der Justiz. Immerhin hat sich anhand dieser Akten noch 1895 ein Jurist bemüht, die »beschönigende« Tendenz der Dichter zu widerlegen.

Akten

Es ist schon ein mehr als merkwürdiges Gefühl, so ein Todesurteil leibhaftig in den Händen zu halten, noch die verstörte Handschrift des Todeskandidaten vor Augen, der, als sein Schicksal noch zu retten gewesen wäre, seine Angehörigen erfolglos bittet, »nur dieses Mahl noch zu helfen und mich nicht zu verlassen«, und dessen Ende dann die Handschrift eines Augenzeugen bis ins kleinste meldet: »... bott dem Schindersknecht zu außzihen der Strümpf den einen fuß, legte sich selbst nieder, und hielt seine Strafe mit großer gedult aus«.

Es war kein kurzer Prozeß, der da geführt wurde. Der abgrundtiefe, ja unerhörte Fall des Bürgersohnes Friedrich Schwahn in die Gemeinschaft der Vaganten, Zigeuner und Juden war ein langer Weg, den in seinen kriminellen Verästelungen zu rekonstruieren die Obrigkeit keine Mühe scheute. Man hat sich mit diesem Abweichler beschäftigt. Wieviel Arbeit ein einzelner den Behörden abverlangen kann!

Man sieht die Amtsperücken förmlich dampfen, spürt die kalligraphischen Anstrengungen einer mit dem erhobenen Zeigefinger fuchtelnden, noch auf unsicheren orthographischen Füßen stehenden Bürokratie, die schon hinter dem nächsten Gartenzaun auf Amtshilfe angewiesen ist und den »hochedel gestrengen, insbesonder hochgelährten Herr Nachbar« bitten muß. Diese schweißtreibenden Überstunden, die überall dort geleistet werden mußten, wo sich der Sohn des Sonnenwirts blicken ließ. Einer, der alles, oder doch fast alles hätte haben können. Ein Sohn aus gutem Hause, der, man sieht es an seiner

Schrift und Sprache, durchaus Bildung hatte und dem es nicht an der Wiege gesungen wurde, daß er einmal als Doppelmörder, Einbrecher und Dieb mit dem hebräischen Wörterbuch im Gepäck verhaftet werden wird. Dessen individuelle Empörung, dreißig Jahre vor der bürgerlichen Revolution, keine politische Perspektive kannte und dessen erzwungene Solidarität mit dem völlig entrechteten Bodensatz der Gesellschaft in sein Gegenteil umkippte, als ihn ein einfühlsamer Arm der Obrigkeit mit Hilfe des Christentums an die verlorene Ehre rührte.

In seinen letzten Stunden wollte Friedrich Schwahn mit seinen Geständnissen eine Gesellschaft reformieren, die durch und durch verrottet war. So zielen denn auch seine Aussagen weniger auf die sogenannten Täter (er nannte fast nur solche, die für die württembergische Justiz nicht zu greifen waren), sondern auf den, wenn man so will, Überbau einer kriminellen Subkultur: die Hehler und Auftraggeber aus dem bürgerlichen Milieu. »Auch auf der Nachtseite der alten Gesellschaft« - so Hermann Kurz in seinem »Sonnenwirt«-Roman - zeigt sich »die Arbeit vom Kapital unterdrückt«.

Friedrich Schwahn, aus dessen weiterer Verwandtschaft es einer bis zum Bischof der Brüdergemeinde in Pennsylvanien brachte, hat das Christentum, wie wir aus den Aufzeichnungen des Gefängnisgeistlichen wissen, auf eine radikale und durchaus politische Weise ernstgenommen: »Die Gerechtigkeit Gottes schien ihm nicht so groß zu seyn, als sie wirklich ist. Gott straft das Böse, sprach er, das ist recht, und ich empfinde an mir die Wahrheit. (...) Aber sagen Sie mir, warum strafet Gott nicht diejenigen, die größeres Unheil auf der Welt anrichten, als ich? Es sind derer sehr wenige, die ich getödet habe, gegen denjenigen, die aus Schuld der Großen umkommen. Ich habe lange nicht soviel geraubet als diese«. Und an anderer Stelle: »Schließen sie selbsten. Habe ich Verstand zum Sündigen gehabt, so würde ich ihn auch gehabt haben, etwas besseres zu thun. Ich würde die Leute weniger betrogen haben, als andere. Ich würde besonders der Armen immerdar geschont, und ihnen ihre Arbeit jedesmahlen wohl bezalet haben. Das Schreyen der Arbeiter würde nicht wider mich zu Gott aufgestiegen seyn«. Ein dreiviertel Jahrhundert später (1843) verteidigt der anarchokommunistische Schneider Wilhelm Weitling vor Gericht sein »Evangelium der armen Sünder« als Bibelauslegung.

Friedrich Schwahn wurde, einer diffizilen, jedwedem Körperteil seine sozusagen individuelle Strafe zumeßenden Rechtssprechung zufolge »von unten hinauf gerädert«. Dreißig Jahre später wurde in Frankreich mit der Revolution die Guillotine eingeführt: Gleicher Tod für alle.

Zur Räuberei

Der Räuber als selbsternannte, bewußte Avantgarde der Revolution, so wie ihn beispielsweise Michael Bakunin noch in der Mitte des 19. Jahrhunderts in Rußland verkörpert sah (»Das Aufhören des Räuberwesens in Rußland würde entweder den endgültigen Tod des Volkes oder aber seine völlige Befreiung bedeuten«), ist eine so idealtypische Konstruktion, daß sie zur Erklärung des Räuber- und Gaunerwesens im Deutschland des 18. Jahrhunderts kaum zu gebrauchen ist. Was aber nicht heißen soll, daß diese Form der offensiven Notwehr gesellschaftlicher Randgruppen nicht in dem Maße auf verstärkte Sympathie beim ärmeren Teil der seßhaften Bevölkerung gestoßen ist, in dem sich die von alters her verfolgten, der Straße preisgegebenen Minderheiten der Zigeuner, Vaganten und (teilweise) Juden um eine stetig wachsende Zahl verelendeter Bauern und entlaufener Soldaten vermehrten.

Es dürften zeitweise weit über zehn Prozent der Bevölkerung gewesen sein, die sich teils als Hausierer, Besenbinder, Korbmacher, Kesselflicker und Scherenschleifer durch die Lande schlugen, gezwungen, den kümmerlichen Verdienst durch Betteln und Kleinkriminalität aufzubessern. Zusammen mit den Angehörigen der »unehrlichen Berufe« (unter die allerdings auch weite Teile der Verfolgungsorgane -Scharfrichter, Büttel, Zöllner- gerechnet wurden), den Schäfern, Köhlern, Abdeckern, bildeten sie so etwas wie eine geschlossene eigene Klasse, die ihrerseits die Strukturbedingungen für ein grenzüberschreitendes, übernational verzweigtes Gaunertum darstellte. Erst durch Erscheinungen wie den ›Konstanzer Hans‹, der in der Haft ein 1789 veröffentlichtes entsprechendes Lexikon verfertigte, fanden die »Fleischmänner« - so der in den Sonnenwirt-Akten belegte Ausdruck für die Polizei- allmählich Zugang zu den Geheimnissen des Jenischen (oder auch Rotwelsch), einer bereits im 13. Jahrhundert erwähnten Untergrundsprache der Vaganten, mit einem starken Einschlag jiddischer und zigeunerischer Wortbildungen, ergänzt durch ein komplexes Zeichensystem (Gebärden- und Fingersprache, sowie vor allem eine Art Graffitis, die sogenannten Gaunerzinken).

Über ganz Deutschland und die angrenzenden Länder Westeuropas spannte sich ein, in Rudimenten bis heute nachweisbares, Netz »kochemer« Wirtshäuser, Bauernhöfe, ja ganzer Dörfer, das Unterschlupf, Absatz von Diebesgut und das Planen offensiver Raubzüge, oft in Banden mit wechselnder Besetzung, ermöglichte. Wie aus den Akten im Fall Friedrich Schwahn - der sich erst mühsam die Verständigungsrituale und Techniken dieser für die Obrigkeit nahezu vogelfreien Subkultur aneignen mußte - hervorgeht, war die so bewerkstelligte Umverteilung durch die Gauner ein sozusagen notwendiger Wirtschaftszweig, der die verarmten Teile der ländlichen Bevölkerung mit auf dem freien Markt überteuerten, sonst kaum erschwinglichen Gütern, oft selbst mit Fleisch und Grundnahrungsmitteln, versorgte. Auch viele korrupte Beamte, selbst Pfarrer, sind Nutznießer der häufig geradezu im Auftrag beschafften billigen Ware, an der die Hehler am meisten profitieren, die aber, was die notwendige Unterstützung durch die kleinen Leute sichert, fast ausschließlich begüterten Wirten, Staatsdienern, Adeligen, Großbauern und Kaufleuten gestohlen wird.

Was schließlich das Wildern betrifft, so ist die Dezimierung des für das herrschaftliche Jagdvergnügen künstlich hochgehaltenen Wildbestandes für die Bauern, die als Treiber bei den Jagden Frondienste zu leisten haben, ihre Felder aber oft nicht einmal mit Hunden vor Wildschäden schützen dürfen, eine wahre Wohltat; für den Wilderer freilich ein äußerst risikoreiches Unternehmen, da der Eingriff ins Jagdprivileg als direkter Angriff auf die Obrigkeit gewertet wird. (»Soll ein Untertan des Fürsten für eine wilde Sau des Fürsten zum Geisel dienen?« - heißt es im Erstdruck des »Verbrechers«. Schiller hat die Stelle später weggelassen.)

»Der Verbrecher« -sagt Ernst Bloch- »ist nirgends revolutionär, auch seine Slum-Gestalt würde, wenn ihr Gelegenheit dazu gegeben würde, als Rentier enden. Der Kriminelle sieht als noch so kühner nicht heroisch aus, er ist untragisch, er hat, statt den großen Schlaf der Welt zu stören (...) die Besitzenden nur aus einem kleinen Schlaf gestört, und diese fallen zugleich in ihn zurück. Trotzdem bestanden Übergänge (...) zu einem Anschein, ja Beginn rebellischer Akte; diese Übergänge nahm zuweilen der Räuber«. Wie wir aus dem Lebenslauf des Friedrich Schwahn wissen, war die tägliche Praxis der Räuber eine eher klägliche, ihr Selbstverständnis nur bedingt solidarisch, von einer Perspektive ganz zu schweigen. Wie wir aus diesem Lebenslauf aber auch wissen, waren die Räuberbanden um 1760, beispielsweise in Baden-Durlach, eine so reale Größe, daß sie ernsthaft daran denken konnten, dem Markgrafen sein ›Ländle‹ anzuzünden (was freilich nicht als Fanal einer allgemeinen Erhebung, sondern als verzweifelter Notwehrschlag in eigener Sache geplant war).

Erst zu Beginn des 19. Jahrhunderts, als sich eine effektivere Staatsorganisation durchsetzt und sich die Zahl kleinster, zum Teil selbst aus Gewinnsucht ins »kochemer« Netz verstrickter Herrschaftsgebiete lichtet, auch das Paßwesen verbessert wird, gelingt die allmähliche Zerschlagung des organisierten Untergrunds. Noch um 1790 kann der ›Malefizschenk‹ genannte Schenk von Castell (Oberdischingen) mit der kopfgeldjägerartigen Verfolgung, Abstrafung und Hinrichtung von Gaunern und Vaganten aus ganz Süddeutschland soetwas wie eine für ihn einträgliche Industrie gründen. Mit dem zunehmenden Bedarf an Arbeitskräften in den Manufakturen und Fabriken wird der Galgen unrentabel. Hand in Hand dazu vollzieht sich der Ausbau der Zucht- und Arbeitshäuser, wo man dazu übergeht, die Ausrottungsstrategie in Disziplinierung und Umerziehung zu verwandeln. Doch bis in das 19. Jahrhundert hinein endet ein Vagantenleben oft genug um geringer Verfehlungen willen an der »Feldglocke«, wie in der Vagantensprache der Galgen genannt wird.

Der bürgerliche Alltag

Der Absolutismus begibt sich zu Zeiten des Friedrich Schwahn auf seinen widerspruchsvollen Weg in die aufgeklärte Phase. Als Schwahn vier Jahre alt ist, tritt 1733 in Württemberg Karl Alexander die Regierung des durch Mätressenwirtschaft heruntergekommenen Landes an. Mit Hilfe des Joseph Süß-Oppenheimer, des ersten Juden, der aus dem Ghetto kommend in die deutsche Politik eingreift, wird das Land rücksichtslos kapitalisiert, werden Handelsverträge abgeschlossen, Manufakturen und Fabriken gegründet, die moderne Geldwirtschaft eingeführt. Hinterher, als Karl Alexander stirbt, ist der Jude an allem schuld. 1738 hängt man ihn, dem Antisemitismus einen Mythos gründend, in einem eisernen Käfig auf. Unter Karl Eugen, der 1744, eben sechzehnjährig, das Herzogtum übernimmt, werden ehrgeizige Baupläne unternommen, wird verschwenderisch Hof gehalten und in Ludwigsburg, vom Volk »Lumpenburg« genannt, entsteht ein Eldorado für die höfischen Künste. Es wimmelt von, zumeist ausländischen, Musikern, Sängern, Tänzern und - gewissermaßen zum eigenen Gebrauch des Landesherrn - vor allem Tänzerinnen. Anders als in vielen anderen Landstrichen, identifiziert sich das württembergische Volk keineswegs mit dem Abglanz dieser Pracht. Zäh auf eine altehrwürdige Verfassung pochend, widersetzt sich die von ihr profitierende bürgerliche Oberschicht bald heimlich, bald offen, und der Pietismus, noch im Zeichen eines aufmüpfigen, wahren Christentums, gewinnt im ganzen Lande Anhänger.

Finanziert wird die Selbstüberschätzung ihres Herzogs vor allem durch Subsidienverträge, d.h. die Vermietung von Hilfstruppen für fremde Mächte, oder deutlicher: durch Verkauf von Landeskindern. Da Aushebungen von Rekruten in Württemberg, wo Bürger und Bauern lediglich zur Verteidigung innerhalb der Landesgrenzen zum Dienst in einer Art Miliz gezwungen werden konnten, kraft Verfassung verboten war, bemühte man sich um sogenannte Freiwillige. Was das Herstellen von Freiwilligkeit betraf, erwies sich Schillers Patenonkel Friedrich Philipp Rieger - im Siebenjährigen Krieg ein schlimmer Soldatenpresser - als einfallsreicher Mann. Man holte sich die Burschen wo man konnte. Mit List, mit Tücke, durch Übertölpelung und mit Gewalt. Ganze Dörfer wurden bei Nacht umstellt, die Bauernsöhne aus dem Bett geholt und zur Unterschrift gezwungen.

Zum Exempel ein Vorfall aus dem Jahre 1757 (dem Jahr, in dem der Sonnenwirtle eine besonders große Aktivität entfaltete). Beim Ausmarsch von 4000 auf diese Weise gepreßten Soldaten, die man an die Franzosen vermieten will, kommt es zur offenen Meuterei. In den Wirtshäusern erregte Szenen. Gäste und Wirte verschenken an die Soldaten Wein. Zurück in der Kaserne bricht sich die Wut über die brutalen Offiziere Bahn. Es wird auf sie geschossen. Binnen kurzem haben sich von den 4000 Zwangsrekrutierten 3000 aus dem Staub gemacht. Der zuständige General sieht sich gezwungen einen Generalpardon auszuschreiben. 2000 bekommt er schließlich wieder unter seine Fahnen, die Fehlenden werden durch neue, gewaltsame Aushebungen ersetzt. Der Herzog, er war auf einer Reise, widerruft dann aber die Amnestie und läßt die Rädelsführer hängen. Das führt zu neuem Aufruhr und, schon auf dem Marsch, bricht in Geislingen die offene Rebellion aus. Sechzehn, nach anderen Quellen achtzehn Soldaten werden vor den Toren Geislingens standrechtlich erschossen. Trotzdem gibt es auch in der Folge wieder neue Unruhen, es desertiert wer kann.

1759 kommt es dann zum offenen Konflikt zwischen dem Herzog und den Landständen, die sich der Militär- und Finanzpolitik des verschwenderischen Herzogs widersetzen. Am 12. 6. 1759 läßt Karl Eugen deshalb den Staatsrechtler und Landschaftskonsulenten Johann Jakob Moser verhaften. Er wird erst fünf Jahre später, nach zahllosen Eingaben der Landstände, des preußischen Königs und des Kaisers, wieder freigelassen.

Während der Sonnenwirtle im Vaihinger Haspelturm auf die Vollstreckung seines Urteils wartet, sitzt Johann Jakob Moser unter erbärmlichen Haftbedingungen auf dem Hohentwiel. Derselben Festung, von der dem Lebenslänglichen Friedrich Schwahn vier Jahre zuvor die Flucht geglückt war.

Zeitgenossen

Wie klein war dieses Württemberg. Zu Zeiten von Schillers Geburt (1759) und Schwahns Ende (1760) hatte das Herzogtum kaum mehr als fünfhundertausend Einwohner. Man kannte sich und wie wir sehen werden, kreuzen einige Figuren beide Lebensläufe. Im übrigen blieb eine so unerhörte Sensation wie Taten und Ende des Sonnenwirtles unstreitig über den Tag hinaus ein allgemeines Gesprächsthema. »Der Ruf dieses Menschen« - schreibt Schiller - »verbreitete sich in kurzem durch die ganze Provinz«. Diesen Satz kann man getrost wörtlich nehmen und es ist gewiss keine unzulässige Spekulation, wenn man annimmt, daß dieses Räuberdrama auch für allerlei Kinderspiele magische Anziehungskraft besessen haben wird.

Ein paar hundert Meter von Schillers Geburtshaus entfernt befindet sich der Marbacher ›Haspelturm‹ - in Anlage und Zweckbestimmung dem gleichnamigen Vaihinger Verlies entsprechend - und vom Geburtshaus nahezu in Sichtweite liegt eine Gemarkung, die bis heute ›Galgen‹ heißt. Wieweit sich Schillers Fritz über die ältere Schwester oder ältere Spielkameraden an solchen zu vermutenden Spielen beobachtend beteiligt hat, mag man dahinstellen. Immerhin bleibt ein Brief des Vaters bemerkenswert, mit dem er 1790 autobiographische Anfragen des berühmten Sohnes beantwortet: »Die Geschichte Seines Geistes kann interessant werden, und ich bin begierig darauf. Kommen zarte Entwicklungen der ersten Begriffe mit hinein, so wäre nicht zu vergessen, daß er einmal den Neckar-Fluß gesehen, und sonach im Diminutivo jedes kleine Bächgen ein ›Neckarle‹ geheißen. Wiederum hat Er einen Galgen bei Schorndorf, als Mama mit ihm nach Schwäbisch-Gmünd gefahren, einer Mausefalle verglichen, weil Er vor diesem Mausefallen gesehen hat, die einem Galgen glichen«. Das von Ernst Bloch konstatierte Schillersche »Interesse für alles, was an einem Galgen hart vorbei streifte oder dort hängen blieb«, hat also schon früh angefangen. Als die Familie 1764 nach Lorch zieht, d. h. in die unmittelbare Nähe von Schwahns hauptsächlichem Aktionsraum (wo die Behörden noch immer aufgrund der Aussagen des Hingerichteten ermitteln), wohnt sie anfangs in einem Gasthaus, das das Wirtsschild »Zur Sonne« führt. Auch dies Anlaß, Vermutungen über allerlei naheliegende Necknamen anzustellen. Doch halten wir uns an die Fakten.

Es wird bis heute allgemein angenommen, daß Schiller den Stoff für den ›Verbrecher aus verlorener Ehre‹ nahezu ausschließlich seinem nur wenig älteren Lehrer an der Karlsschule, Jakob Friedrich Abel, zu verdanken hat, und es wurde - indem man sich auf eine irreführende, erst 1822 (wohl von Schillers Jugendfreund Karl Philipp Conz) zu Papier gebrachte ›Erinnerung‹ stützte - lange Zeit müßig darüber debattiert, ob nicht gar Schiller von Abel, der über ein Jahr nach Schiller eine eigene Bearbeitung des Stoffes erscheinen liess, abgeschrieben hat. Als so absurd sich diese These dann erwies, so unbestreitbar ist wohl die von Abel selber überlieferte Tatsache, daß ihn Schiller während der Karlsschulzeit öfters nach Friedrich Schwahn befragt hat, dessen Schicksal er, als Sohn des die Verhaftung durchführenden und den Prozess leitenden Vaihinger Amtmanns Abel, außerordentlich gut gekannt hat. Auch ließ es sich Abel sicherlich nicht entgehen, Schwahns Leben und Ende des öfteren in seine Vorlesungen zur Moral und Philosophie einfließen zu lassen. Daß sich das besondere Interesse des Eleven Schiller an diesem Stoff aus eindeutig zuvor gemachten Erfahrungen erklären läßt, wurde bislang so gut wie nicht beachtet.

Im Marbacher Taufregister finden sich unter Schillers Paten gleich drei, die aus Vaihingen an der Enz stammen. Unter ihnen der Bürgermeister Hübler, vor dessen Haus - wie aus den bereits zitierten Aufzeichnungen des Vikars Krippendorf zu entnehmen ist - Friedrich Schwahn auf seinem Weg zur Hinrichtung haltgemacht und sich »gehorsam vor alle erwiesene Wohlthaten« bedankt hat. Wurde diese Tatsache bislang von der Schiller-Forschung nicht zur Kenntnis genommen, so hat man auch versäumt, weitere Berührungspunkte aufzuspüren.

Bleiben wir zunächst in der Familie. Schillers Vater war Ende Mai bis Mitte Juni 1760 in Vaihingen beim Stab, also gerade in der Zeit, als der ganze Ort vom Sonnenwirt-Prozessfieber gezeichnet war. Wie eine 40seitige Abrechnung ausweist, waren gut fünfzig ortsansässige Bürger als Bewacher eingeteilt, und so dürfte es in dem kleinen Städtchen kaum jemanden gegeben haben, der nicht direkt oder indirekt mit Schwahn in Berührung kam. Außerdem fällt die Ankunft von Schillers Vater gerade in die Zeit um den 22. Mai, als durch den gelungenen Ausbruch von Schwahns Knecht Andreas Stein beträchtliche Aufregung entsteht. Daß der Säugling Schiller selbst am Ort des Geschehens war, läßt sich mit ziemlicher Sicherheit aus der Tatsache rekonstruieren, daß Schillers Mutter mit den Kindern im Januar sogar bis nach Würzburg reiste, um dort ihren Mann im Quartier zu besuchen. Weshalb sollte sie, in der warmen Jahreszeit, nicht die ungleich kürzere und bequemere Reise von Marbach nach Vaihingen unternommen haben, zumal man ja dort die Paten sitzen hatte?

In Schwäbisch Gmünd und Lorch wohnt die Familie Schiller - wie bereits erwähnt - sozusagen inmitten des Handlungsschauplatzes und auch in Ludwigsburg, wo man sich Ende 1766 ansiedelt, läßt sich der Schatten des Sonnenwirts verfolgen. So beteiligt sich Schillers Vater an der dort 1769 gegründeten Lesegesellschaft »Die Literaturfreunde«, zu deren Mitgliedern auch Christoph Ludwig Kerner und der damalige Musikdirektor Christian Friedrich Daniel Schubart gehörten. Dieser Regierungsrat Kerner (Großvater des Dichters Justinus Kerner) - er machte am Anfang seiner Laufbahn selbst einmal als Opfer absolutistischer Ränke Bekanntschaft mit der Festung Hohentwiel - ist niemand anderer als der vormalige Göppinger Vogt, der, die frühen Straftaten des Sonnenwirtles von Amts wegen anfänglich eher milde verfolgend, Schwahn fast soetwas wie ein Vertrauensverhältnis zu ihm ermöglichte: Er verhörte ihn, mußte unzählige Schriftstücke in seiner Sache abfassen und von

Kerners Hand ist auch die Abschrift des (siehe das Kapitel »Briefe«) Schwahn'schen Drohbriefes überliefert.

Was den »Literaturfreund« Schubart anlangt, so erinnert er sich - übrigens unter namentlicher Erwähnung des Sonnenwirtle - später auf dem Asperg ausführlich an den damaligen Ludwigsburger Waisenpfarrer Beckh: »Keiner (...) schien durch Lehre und Leben den Sinn der Religion Jesu besser auszudrücken«. Dieser Pietist Beckh ist der Zucht- und Arbeitshauspfarrer, der den Insassen Schwahn seinerzeit betreute und auf diesen einen solchen Eindruck machte, daß er ihn, den Aufzeichnungen Krippendorfs zufolge, später seiner Lebens- und Tatgefährtin Christine Schettinger mit derselben Schubart'schen Begeisterung schildert: »Du kannst nicht glauben Kind, was das vor ein Mann ist«.

Dichter, Dichterväter und Großväter, Paten und Pfarrer. Und drohend vor *aller* Augen die ›Veste‹: der Asperg oder Hohentwiel. *So* klein war dieses Württemberg.

Dichters Ängste

Über die Enstehungszeit des »Verbrechers aus verlorener Ehre« wissen wir nichts genaues. Tatsache ist, daß Schiller (um diese Zeit auch mit Plänen für »Räuber Moors letztes Schicksal« - einer Fortsetzung der »Räuber« - beschäftigt) das fertige Manuskript am 29. November 1785 seinem Verleger Göschen zum anonymen Abdruck für das zweite Heft der »Thalia« übersandte und daß er, als diese Anonymität durch eine Werbeanzeige für die »Thalia« auf dem Umschlag der Zeitschrift »Literatur und Völkerkunde« nicht mehr gewährleistet war, seinem Verleger, trotz finanziell bedrängter Lage, anbot, die Kosten für »zernichten und umdrucken« des verfänglichen Umschlags selbst zu übernehmen. Wir wissen auch (vgl. Schillers »Lebenslauf«), daß er dann, als dies aus technischen Gründen nicht mehr möglich war, Göschen bat, keinen Widerruf zu bringen: »Wir wollen ja mäusgenstill davon seyn, so vergißt sich das Ding vielleicht«.

Was immer Schiller sonst noch bewogen haben mag, sich so

vehement vor dem Bekanntwerden seiner Autorschaft - »vorzüglich die Geschichte aus dem Wirtembergischen« betreffend - zu verwahren, es waren ganz sicher auch und vor allem politische Gründe (so ist in diesem Zusammenhang darauf zu verweisen, daß die Fassung von 1792 gegenüber dem Erstdruck ›gemildert‹ ist. Vgl. die »Lesarten«).

Runde vier Jahre nach seiner Flucht rechnete Schiller offenbar noch immer mit der Möglichkeit einer Rückkehr nach Württemberg. Immerhin hatte schon am 5. Mai 1784 eine Stuttgarter Erstaufführung der »Räuber« - in Anwesenheit des Herzogs - stattfinden können. Wie günstig für ihn in Württemberg der Wind gerade zum Zeitpunkt des Erscheinens des »Verbrechers« zu wehen schien, zeigt die im selben Heft der »Thalia« abgedruckte »Nachricht an's Publikum«, mit der Schubart selbst verkündet, »daß Se. Herzogliche Durchlaucht, mein gnädigster Herr mir nunmehr die großmüthige Erlaubniß zu ertheilen geruhten, eine vollständige Ausgabe meiner Gedichte in Höchstdero Akademischen Buchdruckerei selbst besorgen zu dürfen«. An der Verlagsgeschichte dieser Gedichtausgabe zeigt sich exemplarisch, wie doppelköpfig und unberechenbar der ›aufgeklärte Absolutismus‹ eines Karl Eugen zu verstehen war und ist.

Während der Verfasser noch immer auf dem Asperg sitzt (er wird erst über eineinhalb Jahre später, nach öffentlichen Kampagnen und diplomatischen Aktivitäten Preußens aus der Haft entlassen), erscheinen seine Gedichte sozusagen im Staatsverlag. In einer ihrer politischen Schärfe nach so unzensierten Zusammenstellung, daß sie die kurz zuvor ohne Zustimmung Schubarts und teils mit fingiertem Impressum versehenen Auslandsausgaben bei weitem in den Schatten stellt. Und in dieser in der »Thalia« zur Subskription angebotenen ›Staatsausgabe‹ findet sich eine vierseitige, offen in der Überschrift »An Schiller« adressierte Huldigung: »daß er muthig zürnt / Dem gekrönten Laster!« Dabei war Schiller noch immer offiziell als Deserteur gebrandmarkt.

Die Urteilsschelte in Sachen Sonnenwirt kam also zu denkbar ungelegener Zeit und die Lüftung der Anonymität war doppelt peinlich, da die württembergischen Behörden gerade mit der berüchtigten Zigeunerbande des Hannikel schwer zu schaffen hatten.

Wie ein Treppenwitz mutet an, daß die »Hannikel-Bande« dann Anfang August 1786 ausgerechnet in Graubünden verhaftet wurde, dessen in den »Räubern« flapsig angedichtetes »Spitzbubenklima« seinerzeit Anlaß zum Schreibverbot und zur Flucht aus Stuttgart gegeben hatte (vgl. Schillers »Lebenslauf« und die »Briefe«).

Der Sonnenwirt, ein Pate von Karl Moor

»Doch war es« - erinnert sich Goethe gegenüber Eckermann - »wunderlich, daß ihm noch von den Räubern her ein gewisser Zug von Grausamkeit anklebte, der selbst in seiner schönsten Zeit ihn nie ganz verlassen wollte ...«. Schillers lebenslängliches kriminalistisches Interesse, von den »Räubern« und dem frühen Gedicht »Die Kindsmörderin« bis hin zu den späten Dramenfragmenten »Die Polizei« - wo sich das Sozialgefüge der Großstadt in der allgegenwärtigen, tausendarmigen Polizei widerspiegeln sollte - und die »Kinder des Hauses« - wo ein Verbrecher, indem er sich wegen eines geringfügigen Diebstahles selbst an die Polizei wendet, eine Jahrzehnte zurückliegende Untat zur Entdeckung bringt - ist so auffällig, daß sich auch Untersuchungen zur Kriminalliteratur mit Schiller beschäftigt haben. Unsere Materialien beweisen hinlänglich, daß der Sonnenwirtle an diesem Interesse nicht ganz unschuldig ist.

Ohne die Bedeutung dieser Erkundungen in Sachen Friedrich Schwahn und Friedrich Schiller zu überschätzen, möchte ich aber zumindest die These aufwerfen, daß der Einfluß dieser ›wahren Geschichte‹, speziell auch auf die »Räuber«, bislang, wenn nicht, wie zumeist, völlig ignoriert, so doch bei weitem unterschätzt wird. Die Diskussion über einen möglichen realen Hintergrund des »Räuber«-Stoffes scheint mir noch längst nicht an dem Punkt angelangt, an dem man sie unter dem Hinweis, ein solcher Zusammenhang sei definitiv unbeweisbar, abschließen könnte.

Fassen wir kurz zusammen. Als Hauptquelle der »Räuber« wird bis heute unstreitig die Schubart'sche Erzählung »Zur Geschichte des menschlichen Herzens« (vgl. S. 71) angenommen, das spezifische Räuberkolorit galt lange als frei erfunden (bei dem sonst so sorgfältigen Rechercheur Schiller eher verwunderlich). 1959 erschienen in Weimar »Historische Studien zu Schillers Schauspiel ›Die Räuber‹«, die die Quellendebatte nachhaltig anfachten, ohne jedoch zu einer wirklich beweiskräftigen Aussage zu kommen. Wie schon der Untertitel »über eine mitteldeutsch-fränkische Räuberbande des 18. Jahrhunderts« ausweist, bezieht sich diese spannende Studie von Günther Kraft auf eine begrenzte Region und stützt sich zudem allein auf in der DDR zugängliche Archivalien. Möglichen gesamtdeutschen kriminellen Verästelungen zwischen diesen verdienstvollen Funden und den Ermittlungsakten des Schwahn'schen Prozesses - vor allem im Blick auf die Nebenfiguren - wurde bislang nicht nachgegangen.

Auch wenn sich direkte Überschneidungen nicht ergeben sollten, sind inhaltliche Entsprechungen der Sonnenwirt-Akten zum »Räuber«-Stoff, insbesondere zur Struktur und Praxis der Banden, immerhin so einleuchtend, daß sie den oft bemüht wirkenden Konstruktionen Krafts zumindest in nichts nachstehen. (Zudem scheint mir die breit angelegte Schubart'sche Variante der »Geschichte des menschlichen Herzens«, die 1775 im ›Ulmer Intelligenzblatt‹ erschien und unvermittelt abbricht, von Kraft zu wenig berücksichtigt, wie überhaupt, mangels der noch immer fehlenden Kritischen Ausgabe, die entsprechenden Schubart-Texte auch als Grundlage anderer Arbeiten von den Erstdrucken stark differieren: der nach wie vor zuverlässigste Abdruck der Variationen findet sich bei Konrad Gaiser, Stuttgart, 1929).

Kommen wir von dem Ausflug in die diffizile Quellendiskussion der *Räuber* zu unserer wahren Geschichte zurück. Wir wissen nun zuverlässig, daß Schiller diesen Stoff intim gekannt hat, lange bevor er die »Räuber« schrieb. Wer auch nur oberflächlich Leben und Taten des Friedrich Schwahn mit den »Räubern« vergleicht, muß diesem verlorenen württembergischen Sohn *eine* Patenrolle bei den »Räubern« zugestehen. Daß er darüberhinaus, nicht zuletzt wegen desselben gesellschaftlichen (und religiöspietistischen) Hintergrundes, für Schiller ein nachhaltig wirkender Mythos war, ist sicher nicht übertrieben.

Christian Wolf, ein Bruder der Katharina Blum

Der historische Fall Friedrich Schwahn und *Der Verbrecher aus verlorener Ehre* weisen im Detail so viele Gemeinsamkeiten auf, daß die beträchtlichen Abweichungen vom historischen Verlauf um so stärker ins Auge fallen. Es hieße sowohl die ›republikanische Freiheit‹ des Dichters als auch des lesenden Publikums zu beleidigen, wollte man nun im einzelnen darüber spekulieren, welche Abänderungen aus Gründen politischer Rücksichtnahme, aufgrund ungenauer Überlieferung und Quellenkenntnis, oder aus dichterischer Tendenz erfolgt sind. Merkwürdig bleibt vor allem, daß Schiller seine Verschleierungsversuche mit der Nennung der populären Bezeichnung »Sonnenwirt« selbst torpediert, und daß er Schwahns zweiten Mord, der ja auch in Wirklichkeit sozusagen ein Notwehrakt auf der Flucht war, standhaft leugnen läßt. Wer immer über diese Geschichte zu Gericht sitzt, sollte sich sein Raster aus den beigegebenen Materialien der Räuber- und Dichterlebensläufe selber ziehen, eingedenk Schillers Rat über Nutz- und Frommen des Studiums der Universalgeschichte: »Das Verhältnis eines historischen Datums zu der *heutigen* Weltverfassung ist es also, worauf gesehen werden muß, um Materialien für die Weltgeschichte zu sammeln«.

Es ist schließlich kein Zufall, daß Heinrich Böll »die verlorene Ehre« der Katharina Blum ins Feld führt, wenn es um Sympathisantenhatz und einen immer enger werdenden Zaun von Gesetzen geht, oder sich Hermann Kurz, ein entschieden republikanisch-demokratischer 1848er, gerade in der Revolutions- und Reaktionszeit mit diesem Stoff beschäftigt. Im selben Heft der »Thalia«, in dem der »Verbrecher« erstmals abgedruckt ist, findet sich auch der Erstdruck des Gedichtes *An die Freude:* »Seid umschlungen Millionen! Diesen Kuß der ganzen Welt!« Schillers Einleitung zu unserer Geschichte kann man getrost als Versuch bezeichnen, diese Weltumarmung gewissermaßen zu rationalisieren, sie theoretisch zu untermauern. Wenn Schiller von der »unveränderlichen Struktur der menschlichen Seele« spricht, so ist dies kein resignativ-reaktionärer Stoßseufzer, sondern ein eindeutiges Bekenntnis zur Voraussetzung menschlicher Gleichheit. Schiller mutet aber der stolzen Sicherheit der ungeprüften Tugend nicht nur zu, sich mit dem Verbrecher ins brüderliche Boot zu setzen, er geht noch weiter, er nimmt ihr das Steuer aus der Hand. Da wackelt die sittliche Welt bedenklich, denn es sind »veränderliche Bedingungen, welche sie von *außen*« bestimmen.

Kriminalität hat für Schiller, ganz im Kontext der fortschrittlichen Strafrechtsdiskussion seiner Zeit, kausale Ursachen, die Konsequenzen, die er daraus zieht, reichen weiter. Tugend und Laster sind keine statischen Begriffe mehr: es ist die Gesellschaft, die ihre Verbrecher selber zeugt. Und wenn dem so ist, dann muß nicht nur das Gesetzbuch umgeschrieben werden.

Christian Wolf wird sozusagen unschuldig schuldig, und sein Schicksal zeigt nicht nur, daß letztlich die Gesellschaft selber vor den Richterstuhl gehört, sondern auch, daß das Prinzip des isolierten Selbsthelfers nicht funktioniert: »Bezähme jeder die gerechte Wut / Und spare für das Ganze seine Rache, / Denn Raub begeht am allgemeinen Gut, / Wer selbst sich hilft in seiner eignen Sache« - heißt es später im »Wilhelm Tell«. Sich einer solchen Kaderlosung im Kampf gegen die Tyrannen »oben« unterzuordnen, bedingt freilich, daß man keine Tyrannen »neben« sich hat, also Brüderlichkeit als Basis der Solidarität. Und so ist denn die Ursache des individuellen Unglücks des Christian Wolf nicht nur in den besonderen Bedingungen des Absolutismus oder Feudalismus zu suchen, die *auch* kritisiert werden, sondern nicht zuletzt im Mangel eben dieser Brüderlichkeit, die zum Schlagwort einer neuen Epoche wird. Neben Freiheit und Gleichheit steht sie dann auf den Fahnen der französischen Revolution und in ihrem utopischen Anspruch scheinen wir von dieser Brüderlichkeit weiter entfernt denn je.

Der kalte Leser

»Wir müssen ihn seine Handlung nicht bloß vollbringen, sondern auch wollen sehen.« Indem Schiller darauf verzichtet, die Missetaten getreulich aufzulisten, die Gerichtsverhandlung und vor allem die Urteilsvollstreckung zu schildern, bricht er mit der bis dahin üblichen Erzähltradition des Genre. Er dreht die Geschichte gewissermaßen um, hängt den Täter vom Galgen, überläßt ihm das Wort und dem Leser - vorgeblich - das Urteil. Natürlich denkt der Aufklärungsstratege Schiller nicht daran, den Redner und Dichter abzulegen und die Rolle eines bloßen »Geschichtschreiber(s)« zu übernehmen - das ist ein wohlkalkulierter Etikettenschwindel - und auch die in der Einleitung aufgestellte, weit vorausweisende Theorie des Erzählens, schützt Kälte nur vor, um der »republikanische(n) Freiheit des lesenden Publikums« auf bislang neue, noch ungewohnte Art, desto wirkungsvoller einzuheizen. Denn mit eher unterkühlter Sachlichkeit an die Mündigkeit des Lesers und seinen mitdenkenden Verstand zu appellieren, statt vordergründiger Belehrung und Überzeugungsakrobatik (dem »hinreißenden« Vortrag), heißt den Leser nun selber aufzuwärmen und hinzureißen, ihn zum geneigteren Komplizen in Sachen Aufklärung zu machen.

Die Literatur kann sich aber ihre Leser nicht aussuchen. Nichts illustriert dies besser, als der monströse Alptraum eines nächtlichen Treibens in der Reichskanzlei. »Haben wir« - ruft ›der Führer‹ mitten in der Nacht seinen Reichskanzleichef Lammers - »eine Ausgabe der gesammelten Werke Friedrich Schillers? Falls vorhanden, suchen Sie mir den Aufsatz über den ›Verbrecher aus verlorener Ehre‹! Carl Jacob Burckhardt, dem wir diese Denkwürdigkeit verdanken - Lammers hat sie ihm vier Jahre danach selbst berichtet -, hatte den Schiller-Text in einem Hitler in die Hände lancierten Bericht über das KZ Esterwegen erwähnt. Gerne wüßten wir den schwer vorstellbaren Kontext.

Was wir aber wissen, ist, daß ›der Führer‹ unsere Erzählung aufmerksam gelesen, sich aber nicht dazu geäußert hat.

Bleibt, noch etwas zur Rezeptionsgeschichte nachzutragen. Wie wir von Schiller selber wissen, sah Karl Philipp Moritz »einige Aehnlichkeit seines [im Untertitel »Ein psychologischer Roman« bezeichnet, H.B.] ›Anton Reiser‹ mit meinem Sonnenwirth«.

Früh nimmt sich, aber erst nach Schiller und das Markenzeichen Schiller nutzend, die Trivialliteratur des Stoffes an. Der sozialkritische, auch literarisch ernstzunehmende, sorgfältig recherchierte Roman des Realisten Hermann Kurz (»Obwohl frei ohne jedes andere Maß und Ziel, als sie selbst sich setzt, folgt doch die Dichtung gern dem Gefangenen in die Kerkerzelle und zum Schafott, aber sie verstummt unter dem Geräusch der christlich-deutschen Justiz«) erscheint im Klima der Restaurationszeit nach der gescheiterten 48er Revolution und bleibt bis heute, obwohl in einer hervorragenden Edition - Verlag Jürgen Schweier - wieder zugänglich, kaum beachtet. Dieser Roman sei hier ausdrücklich empfohlen.

Die Handzeichnungen von Wilhelm Kaulbach (die Skizze des ›Sonnenwirts im Kerker‹ veröffentlichen wir - mit freundlicher Genehmigung der Nationalgalerie Berlin (DDR) - hier erstmals) sind Ausdruck einer sehr persönlichen Betroffenheit. Kaulbachs Vater, ein elend armer, zeitweise mit einer »Leibhaftige(n) Abbildung Jesu Christ« zum Hausieren genötigter Künstler, hatte sich in einer äußersten Notlage zum Fälschen von Papieren überreden lassen. Von Komplizen zum Weitermachen gezwungen, ereilte ihn ein exemplarisch hartes Urteil, mit dem auch der Sohn ein Leben lang nicht fertig wurde. Als seine Skizzen entstehen, ist der Vater noch in Haft.

Quellen und Literaturverzeichnis

Zum historischen Kriminalfall

I Im Hauptstaatsarchiv Stuttgart befindliche Archivalien
Oberrat Malefizsachen

A 209/2048: Fasz.I. Akten betr. Joh. Friedr. Schwahns bei seinem Vater u. sonst. begangene Diebstähle u. andere Exzesse. 1746-60.

A 209/2049: Fasz.II. Jauneraken betr. den von Friedr. Schwahn insbesond. von einer Räuberbande in Schultheiß Stohrers Haus zu Börtlingen, Adelberger Klosteramts, verübten Diebstahl. 1757.

A 209/2050: Fasz.III. Neuenstadter Akten betr. Friedr. Schwahn, sowie Inquisitionsakten über den zum Strang verurteilten Jauner u. Vaganten Philipp Antoni König von Wäschbach in Baden u. den zu Zuchthaus verurteilten Andreas Peter Bickel von Neuenstadt an der Linden. 1759-60.

A 209/2051: Fasz.IV. Inquisitionsakten betr. Friedr. Schwahn u. seine 2 Konkubinen Christina Müller u. Christina Schettinger sowie die Magd Katharina Schenk wegen Raub u. Mord. 1760.

A 209/2052: Fasz.V. Inquisitionsprotokoll beim Kriminalgericht Vaihingen. 1760.

A 209/2053: Fasz.VI. Akten betr. den Anhang u. Sohn von Joh. Friedrich Schwahn. 1761-67.

A 209/2054: Fasz. VII. Inquisitionskosten des Sonnenwirtle J. Fr. Schwahn.
Strafakten altwürtt. Ämter: Amt Göppingen

A 309/4a: Johann Friedrich Schwahn von Ebersbach wegen Diebstahls im Rückfall. 1746-53.

A 309/4b: Desgl. 1756-60.

A 309/4c: Acta des Amtmanns in Ebersbach von dem im u. außer Land bekannten Erzbösewicht Friedrich Schwahn, einem Sohn des Sonnenwirts Schwahn von Ebersbach. 1750-58.

Strafakten altwürtt. Ämter: Oberamt Vaihingen

A 309/457: Johann Friedrich Schwahn (genannt Sonnenwirtle) von Ebersbach wegen Mords, Diebstahls etc. 1757-60.

A 309/458: Desgl. 1760-66.

A 309/459: Verhörprotokoll betr. den sogen. Sonnenwirtle Friedrich Schwahn von Ebersbach. 1760.

II Handschriftenbestand der Württembergischen Landesbibliothek Stuttgart

Cod. hist. Folio 354: Aktenstücke, Exzerpte und Berichte betreffend den Johann Friedrich Schwan, Sonnenwirts Sohn von Ebersbach OA. Göppingen, hingerichtet zu Vaihingen 30. Juli 1760. - Enthält u. a. in Abschrift die Mitteilungen des Vikars Krippendorf; der Verbleib des Originals, das Abel gekannt haben muß, ist unbekannt.

Cod. hist. Folio 663: Chronik von Hall. - Enthält auf den seiten 597/598 einen handschriftlichen Bericht, offenbar von einem Augenzeugen der Hinrichtung.

III Gedruckte Quellen (s.a. unter ›Literarische Bearbeitungen‹) in chronologischer Reihenfolge:

MAUCH, THEODOR: *Johann Friedrich Schwahn, der »Sonnenwirtle« von Ebersbach, nach dem Berichte eines Geistlichen mitgeteilt von Theodor Mauch.* (in: »Der Schwabenspiegel. Wochenschrift für das geistige Leben des Schwabenlands.« Stuttgart 1901. Nr. 28 - 31).

SCHOTT, THEODOR: *Johann Friedrich Schwan.* (in: »Allgemeine Deutsche Biographie«, Bd. 33, 1891, S. 177-181).

ELBEN, G.: *Der »Sonnenwirtle«.* Aktenmäßige Darstellung von Oberlandesgerichtsrat v. .... (in: »Württembergische Vierteljahrshefte für Landesgeschichte«. NF. IV. 1895. Stuttgart 1896. S. 59-78). - Juristische Arbeit zur Widerlegung der »beschönigenden Tendenz« der Dichter.

SCHÖN, THEODOR: *Die Beziehungen des Sonnenwirts zu Reutlingen.* (in: »Reutlinger Geschichtsblätter. Mitteilungsblatt des Sülchgauer Altertumsvereins.« 18. u. 19. Jahrgang. Reutlingen 1907 u. 1908. In drei Fortsetzungen erschienen) - Es handelt sich im wesentlichen um einen epileptischen Vaganten namens Adam Lorber, der aufgrund einer Denunziation für den Sonnenwirtle gehalten und deshalb für einige Zeit inhaftiert wurde. Die (Lade 12, Faszikel 5) zitierten Archivalien des Reutlinger Stadtarchivs wurden von mir nicht eingesehen.

DONNER, HERMANN: *Der Sonnenwirtle von Ebersbach. Lebensbild eines Räubers aus der Mitte des 18. Jahrhunderts. Nach alten Akten und Urkunden dargestellt von ....* Plüderhausen 1929. Die Schreibweise im tabellarischen Lebenslauf Friedrich Schwahns folgt im wesentlichen der Transkribierung Donners.

Literarische Bearbeitungen in chronologischer Reihenfolge

FRIEDRICH SCHILLER: *Verbrecher aus Infamie. Eine wahre Geschichte.* Von † [Friedrich Schiller](in: Thalia. Hrsg. von Schiller. Zweytes Heft. 1786. S. 20-58). - Der von uns abgedruckte Text folgt dem Band 16 der Nationalausgabe, Weimar 1954.

JACOB FRIEDRICH ABEL: *Geschichte eines Räubers. Geschichte einer Räuberin.* (in: Sammlung und Erklärung merkwürdiger Erscheinungen aus dem menschlichen Leben von Jacob Friedrich Abel. Zweiter Teil. Stuttgart 1787. S. 1-86; 87-104.

GOTTFRIED IMMANUEL WENZEL: *Verbrechen aus Infamie. Eine theatralische Menschenschilderung für Richter und Psichologen (sic) in drei Akten.* (in: Gottfried Immanuel Wenzels dramatische Werke. Zweiter Band. Prag 1788.)

ANONYMES TRAUERSPIEL. Der Sonnen-Wirth, ein Trauerspiel in fünf Aufzügen. Nach Schillers Geschichte: Der Verbrecher aus verlorner (sic) Ehre. Bremen. Bey Huntemann dem Jüngern. 1793. - Bei der bislang in stoffkundlichen Untersuchungen zitierten Ausgabe: »Der Sonnen-Wirth. Ein Trauerspiel in fünf Aufzügen. Nach Schillers Geschichte: Der Verbrecher aus verlohrner (sic) Ehre. Frankfurt und Leipzig. Bey Johann Gottlob Pech. 1794.« handelt es sich eindeutig um einen Nachdruck. Die Erstausgabe ist im Deutschen Literaturarchiv in Marbach. - Interessant ist, daß der Verfasser, der auch Züge der »Räuber« eingearbeitet hat, sein Stück in Thüringen (vgl. dazu Günther Kraft's ›Historische Studien‹ - s. u.) spielen läßt.

HEINRICH EHREGOTT LINCK: *Der Sonnenwirth. Historisches Urbild des poetischen Seelengemäldes: Der Verbrecher aus verlorener Ehre von Schiller.* Aus den Akten von Heinrich Ehregott Linck. Vaihingen 1850. - Diese Arbeit, die im Anhang das vollständige Bekenntnis Schwahns enthält, wurde 1849 in der »Vaihinger Landpost« vorabgedruckt.

WILHELM FRIEDRICH WÜST: *Der Sonnenwirthle oder Leben und Thaten des berüchtigten Räubers und Mörders Johann Friedrich Schwan von Ebersbach.* Zur Lehre und Warnung auf's Neue erzählt von W.Fr.Wüst. Reutlingen 1854.

HERMANN KURZ: *Der Sonnenwirth.* Schwäbische Volksgeschichte aus dem vorigen Jahrhundert. Frankfurt 1855. - Die ersten vier Kapitel wurden bereits 1846 im »Morgenblatt für gebildete Leser«, Stuttgart, veröffentlicht.

PHILIPP WALBURG KRAMER: Elisabeth Frenzel zitiert in »Stoffe der Weltliteratur« (Stuttgart, 4. Aufl. 1976) eine Dramatisierung von W. Cramer (Der Sonnenwirt 1854). Diese wohl auf Stoeß (s. u.) zurückgehende Angabe beruht auf einem Stoeß von Heynen (s. u.) vermittelten Hinweis. Der Verfasser ist eindeutig der Schauspieler und Theaterdirektor Philipp Walburg Kramer (1815-1899). Obwohl Heynen ausführlich auf den Inhalt der Kramer'schen Dramatisierung eingeht, fehlen bei ihm - »Der (Kurz'sche) Sonnenwirt war noch nicht sechs Monate im Buchhandel, als die erste Bearbeitung für die Bühne erschien ...« - definitive Angaben sowohl zum Erscheinungsjahr als auch zum Titel. Weitere Angaben konnten von mir bibliographisch nicht ermittelt werden.

ADOLF SÖNDERMANN: *Der Sonnenwirth oder die Herberge im Walde.* Volksroman. 100 Hefte (à 20 Pfennige). Berlin 1881-82.

Wichtige Sekundärliteratur dazu:

STOESS, WILLI: *Die Bearbeitungen des »Verbrechers aus verlorener Ehre«.* Mit Benutzung ungedruckter Briefe von und an Herm. Kurz. Stuttgart 1913.

HEYNEN, WALTER: *Der »Sonnenwirt« von Hermann Kurz.* Eine Quellenstudie. Berlin 1913. (Palaestra 122.) - Enthält im Anhang das 1855-57 entstandene Fragment einer von Kurz geplanten Dramatisierung.

Neuere Sekundärliteratur zu Schillers Erzählung (in Auswahl)

FREUND, WINFRIED: *Die deutsche Kriminalnovelle von Schiller bis Hauptmann. Einzelanalysen unter sozialgeschichtlichen und didaktischen Aspekten.* Paderborn 1975. S 12-21.

HASLINGER, ADOLF: *Friedrich Schiller und die Kriminalliteratur.* (in: »Sprachkunst« 2. 1971. S. 173-187.)

KAISER, GERHARD: *Der Held in den Novellen »Eine großmüthige Handlung aus der neuesten (sic!) Geschichte« und »Der Verbrecher aus verlorener Ehe (sic!)«.* (in: ders.: *Von Arkadien nach Elysium. Schiller-Studien.* Göttingen 1978. S. 45-58.)

KÖPF, GERHARD: *Erzählstrategie und »republikanische Freiheit des lesenden Publikums«. Eine Untersuchung zu Schillers Erzählung »Der Verbrecher aus verlorener Ehre«.* (in: *Literatur für Leser.* 1978. S. 93-113.)

KÖPF, GERHARD: *Friedrich Schiller: Der Verbrecher aus verlorener Ehre. Geschichtlichkeit, Erzählstrategie und »republikanische Freiheit« des Lesers.* München 1978. (»Analysen zur deutschen Sprache und Literatur«).

KOOPMANN, HELMUT: *Schiller-Forschung. 1970-1980.* Ein Bericht. Marbach 1982. (S. 158-161).

LECKE, BODO: *Schillers ›Verbrecher aus verlorener Ehre‹ - Zur Aktualisierung eines Klassikers.* (in: »Projekt Deutschunterricht« 9. Literatur der Klassik II - Lyrik/Epik/Ästhetik. Hrsg. von Bodo Lecke und dem Bremer Kollektiv. Stuttgart 1975. S. 113-146.) - Gesondert paginierte Seiten 83-180 (Anhang) ein Materialienteil.

MARSCH, EDGAR: *Die Kriminalerzählung. Theorie, Geschichte, Analyse.* München 1972. S. 105-121.

MARTINI, FRITZ: *Der Erzähler Friedrich Schiller.* (in: Friedrich Schiller. Reden zum Gedenkjahr 1959. Hrsg. von Bernhard Zeller. Stuttgart 1961. S. 124-158.)

MC CARTHY, JOHN A.: *Die republikanische Freiheit des Lesers. Zum Lesepublikum von Schillers ›Der Verbrecher aus verlorener Ehre‹.* (in: »Wirkendes Wort« 29. 1979. S. 28-43.)

MAYER, HANS: *Zur deutschen Klassik und Romantik.* Pfullingen 1963. S. 147-164.

OETTINGER, KLAUS: *Schillers Erzählung »Der Verbrecher aus Infamie«. Ein Beitrag zur Rechtsaufklärung der Zeit.* (in: »Jahrbuch der Deutschen Schillergesellschaft« XVI. Stuttgart 1972. S. 266-276.) - Aufschlußreiche Arbeit über Bezüge zur Strafrechtsdiskussion des 18. Jahrhunderts.

RAUTENBERG, HANS HERMANN, ALMUT HOPPE und WILHELM DEHN: *Friedrich Schiller ›Der Verbrecher aus verlorener*

Ehre‹. Einführung in rezeptionsästhetische Betrachtungsweisen. Text- und Arbeitsbuch. Frankfurt 1982. (Literatur und Methode).

WIESE, BENNO VON: *Der Verbrecher aus verlorener Ehre.* (in: ders.: *Die deutsche Novelle von Goethe bis Kafka.* Interpretationen 1. Düsseldorf 1964. S. 33-46.)

ZELLER, BERNHARD: Nachwort. (in: *Friedrich Schiller. Der Verbrecher aus verlorener Ehre und andere Erzählungen.* Stuttgart 1964 (RUB 8891). S. 61-69.

Weitere benutzte Literatur

Werkausgaben

FRICKE, GERHARD und HERBERT G. GÖPFERT (Hrsg.): *Friedrich Schiller.* Sämtliche Werke. 5 Bde. 5. durchges. Aufl. München 1975.

PETERSEN, JULIUS und HERMANN SCHNEIDER (Hrsg.): *Schillers Werke.* Nationalausgabe. Weimar. - Soweit erschienen wurde nach Möglichkeit diese Ausgabe zitiert.

JONAS, FRITZ (Hrsg.): *Schillers Briefe.* Kritische Gesamtausgabe. 7. Bde. Stuttgart 1892-1896.

ARNOLD, ERNST: *Der Malefizschenk und »seine Jauner«.* Stuttgart 1911. (Bibliothek des 17. und 18. Jahrhunderts)

BLOCH, ERNST: *Die Kunst, Schiller zu sprechen.* (in: Ernst Bloch. Gesamtausgabe in 16 Bänden. Frankfurt 1977. Bd. 9. S. 101-105.)

BLOCH, ERNST: *Naturrecht und menschliche Würde.* (in: Ernst Bloch. Gesamtausgabe in 16 Bänden. Frankfurt 1977. Bd. 6. S. 291-292.)

BORST, OTTO: *Friedrich Schiller.* (in: Otto Borst. Die heimlichen Rebellen. Stuttgart 1980. S. 70-86.) - Dieser Arbeit verdanke ich den Hinweis auf Carl J. Burckhardt; bzw. den Leser Adolf Hitler.

BUCHWALD, REINHARD: *Schiller. Leben und Werk.* Frankfurt 1959.

BURCKHARDT, CARL J.: *Meine Danziger Mission.* 1937-1939. München 1960. S. 61-62.

BURSCHELL, FRIEDRICH: *Schiller.* Hamburg 1968.

DRAGOMANOW, MICHAIL (Hrsg.): *Michail Bakunins sozial-politischer Briefwechsel mit Alexander Iw. Herzen und Ogarjow.* Stuttgart 1895. S. 349-354.

FEIL, WILHELM: *Geschichte der Oberamtsstadt Vaihingen a. d. Enz.* Vaihingen a. Enz 1978 (Reprint der Ausgabe von 1933-1935).

FLEISCHHAUER, WERNER: *Barock im Herzogtum Württemberg.* Stuttgart 1958.

FOUCAULT, MICHEL: *Überwachen und Strafen. Die Geburt des Gefängnisses.* Frankfurt a. M. 1976. (stw 184)

GAISER, KONRAD: *Christian Friedrich Daniel Schubart. Schicksal/Zeitbild.* Ausgewählte Schriften. Stuttgart 1929. - »Der Stoff von Schillers Räubern« S. 314-341.

HOUBEN, H.H.: *Verbotene Literatur von der klassischen Zeit bis zur Gegenwart.* Dessau 1925. S. 568-569.

KERNER, JUSTINUS: *Das Bilderbuch aus meiner Knabenzeit. Erinnerungen aus den Jahren 1786 bis 1804.* Braunschweig 1849. S. 30-31.

KOPEČNÝ, ANGELIKA: *Fahrende und Vagabunden. Ihre Geschichte, Überlebenskünste, Zeichen und Straßen.* Berlin 1980. (WAT 68)

KRAFT, GÜNTHER: *Historische Studien zu Schillers Schauspiel »Die Räuber«. Über eine mitteldeutsch-fränkische Räuberbande des 18. Jahrhunderts.* Weimar 1959.

KRAFT, HERBERT (Hrsg.): *Andreas Streichers Schiller-Biographie.* Mannheim 1974.

KRAFT, HERBERT: *Um Schiller betrogen.* Pfullingen 1978.

KÜTHER, CARSTEN: *Räuber und Gauner in Deutschland. Das organisierte Bandenwesen im 18. und frühen 19. Jahrhundert.* Göttingen 1976. (Kritische Studien zur Geschichtswissenschaft 20)

LAHNSTEIN, PETER: *Das Leben im Ba-*

rock. Zeugnisse und Berichte. 1640-1740. Stuttgart 1974.

LAHNSTEIN, PETER: *Schillers Leben.* München 1981.

LECKE, BODO (Hrsg.): *Friedrich Schiller. Von den Anfängen bis 1795.* München 1969. (Dichter über ihre Dichtungen)

MARQUARDT, ERNST: *Geschichte Württembergs.* Stuttgart 1962.

MARX, KARL: *Theorien über den Mehrwert.* (in: MEW. Berlin (DDR) 1965. Bd. 26; 1. S. 363.).

MINOR, JAKOB: *Schiller. Sein Leben und seine Werke.* Berlin 1890.

MÜLLER, HANS: *Wilhelm Kaulbach.* Erster Band. Berlin 1893.

OSTINI, FRITZ VON: *Wilhelm von Kaulbach.* Bielefeld u. Leipzig 1906.

PFÄFFLIN, FRIEDRICH und EVA DAMBACHER: *Schiller.* Ständige Ausstellung des Schiller-Nationalmuseums und des Deutschen Literaturarchivs Marbach am Neckar. München 1980. (Marbacher Kataloge 32)

SACHSSE, CHRISTOPH und FLORIAN TENNSTEDT: *Geschichte der Armenfürsorge in Deutschland. Vom Spätmittelalter bis zum Ersten Weltkrieg.* Stuttgart 1980.

SCHUBART, CHR. DANIEL FRIEDRICH: *Gedichte aus dem Kerker.* Carlsruhe 1785. - Die mir vorliegende Ausgabe, die auf dem Titelblatt den vor allem durch Nachdrucke hervorgetretenen Karlsruher Verleger Gottlieb Schmieder nennt, ist bislang völlig unbekannt und bibliographisch nicht verzeichnet. Bei Schulte-Strathaus, der als Erstausgabe den Druck bei Orell, Geßner, Füßli und Comp. in Zürich angibt, findet sich eine als Nachdruck bezeichnete Ausgabe mit dem Druckwort »Wien und Preßburg«. Diese Ausgabe ist in Satzspiegel und Typographie mit der »Schmieder«-Ausgabe völlig identisch, so daß es sich bei der ohne Verlegerangabe mit »Wien und Preßburg« bezeichneten Ausgabe lediglich um ein fingiertes Titelblatt handelt.

SCHUBART, CHRISTIAN FRIEDRICH DANIEL: *Sämtliche Gedichte.* Von ihm selbst herausgegeben. Stuttgart, in der Buchdruckerei der Herzoglichen Hohen Carlsschule, 1785 u. 1786. - Das Gedicht »An Schiller« im zweiten Band S. 68-71.

SCHUBART, CHRISTIAN FRIEDRICH DANIEL: *Schubart's Leben und Gesinnungen.* Von ihm selbst im Kerker aufgesetzt. Erster Theil. Stuttgart 1791. - Insbesondere S. 163-164.

STEIFF, KARL und GEBHARD MEHRING: *Geschichtliche Lieder und Sprüche Württembergs.* Stuttgart 1912. - Nr. 171 »Das Hannikellied« mit Erläuterungen.

STERN, SELMA: *Jud Süss. Ein Beitrag zur deutschen und jüdischen Geschichte.* München 1973.

STORZ, GERHARD: Karl Eugen. Der Fürst und das »gute alte Recht«. Stuttgart 1981.

UHLAND, ROBERT: *Geschichte der Hohen Karlsschule in Stuttgart.* Stuttgart 1953. (Darstellungen aus der Württembergischen Geschichte 37)

WILPERT, GERO VON: *Schiller-Chronik. Sein Leben und Schaffen.* Stuttgart 1958.

ZIMMERMANN, WILHELM: *Die Geschichte Würtembergs (sic!). Nach seinen Sagen und Thaten.* Zweiter Band. Stuttgart 1839.